철학자의 음악서재, C#

《철학자의 음악서재, C#》

혼돈의 시대, 사색이 음악을 만나 삶을 어루만지다

초판 1쇄 발행 2020년 10월 23일
초판 4쇄 발행 2023년 10월 1일

지은이 최대환
펴낸이 전지운
펴낸곳 책밥상
디자인 Studio Marzan 김성미
등록 제 406-2018-000080호 (2018년 7월 4일)
주소 서울시 은평구 녹번동 79-39 다원오피스 301호
전화 010-8922-2446
이메일 woony500@gmail.com
블로그 https://blog.naver.com/woony500
인스타그램 https://instagram.com/booktable1

ISBN 979-11-971046-2-6 03100 ©2020 최대환

책밥상
BOOKTABLE

철학자의 음악서재, C#

최대환 지음

혼돈의 시대,
사색이 음악을 만나
삶을 어루만지다

책밥상

C# minor처럼

음악과 책이 있는 '철학자의 음악서재'에서 교양의 숲을 걸어보려 합니다. 날씨가 화창해도 숲길을 찾아 떠나기가 조심스러운 시대입니다. 그래도 책과 음악이 우리의 상상력과 감각과 사유의 힘을 깨어나게 합니다. 내 앞 창문에 보이는 저녁 경치가 근사하면 더 좋겠지만, 작은 골방이어도 마음에 드는 음악과 책이 있다면 마법처럼 자유의 공간이 생겨납니다. 어둡고 무거운 공기가 시대를 채우고 있더라도 책과 음악은 숨을 쉬게 하고 마음을 넓혀주고 사유의 시간을 선사합니다. 책과 음악을 먹고 자라나는 교양은 어느덧 숲이 되고, 그 속에서 세상에서 탁해진 정신이 생기를 얻습니다.

교양과 책과 음악이 중요하다 하더라도 인생을 대신할 수는 없습니다. 사람에 대한 예의와 사랑이 없는 사람에게 음악과 책이 다 무슨 소용이 있겠습니까? 그 사람이 자랑하는 교양에 인격과 영혼이 담겨있기는 할까요? 하지만 인생을 바르게 살아가고자 애쓰며, 살아남기 위해서가 아니라 아름답고 행복한 인생을 위해 살아가려는 사람에게 책과 음악은 좋은 친구이고 교양은 든든한 밑천입니다. 자신의 머리로 생각하며 마음으로 향유하는 길을 열어주고 다른 이들과 공명하는 법을 알려주기 때문입니다.

철학자가 별다른 사람은 아닙니다. 좋은 삶이 무엇인지 고민하고, 그리로 가는 길을 찾고 걷고자 애쓰며, 그 길에서 만나는 사람들을 귀하게 여기는 사람입니다. 인생을 제대로 사랑할 줄 알기를 소망하며, 배우고 깨닫는 것을 즐기는 사람입니다. 철학자는 책을 통해 세상이라는 더 큰 책을 읽게 됩니다. 철학자는 음악을 들으며 자신의 영혼이 선율과 공명하는 것을 경험합니다. 교양은 그에게 내면의 아름다움과 덕을 가꾸도록 안내합니다. 베르길리우스가 단테를 인도하듯 책과 음악과 교양은 철학자에게 좋은 삶을 보여주고, 사랑하는 법을 배우게 합니다.

인생의 숲길을 걷는 철학자가 되고자 합니다. C# minor(올림 다단조) 음악 속에서 그 발자국을 디딜 수 있으면 좋겠습니다. 네 개의 반음 올림표를 가진 C# minor의 화음은 조용하면서도 신비스럽고, 마음을 울리면서도 어루만져 줍니다. 인생을 동반하는 음악 중에서 C# minor로 시작되는 곡들은 유난히 마음에 젖어듭니다.

초등학교 시절 동네 피아노 학원에서 어느 소녀가 치는 쇼팽의 '왈츠 2번', C# minor를 들었을 때, 그 순간 이 곡을 사랑하게 되었습니다. 수십 년이 지났습니다만, 달콤한 슬픔과 수줍은 위로가 절묘하게 섞인 이 소품은 여전히 지친 마음을 치료해줍니다. 쇼팽의 녹턴(야상곡) 중 아마도 가장 유명하고 사랑받는 곡인 '녹턴 20번', C# minor를 들을 때도 언제나 거짓말처럼 시간이 멈추는 것 같습니다. 나의 밤이 달콤해지는 것 같다가도, 누군가의 눈물이 이 밤에 어딘가에서 이슬처럼 흐르고 있는 것이 보이는 것 같기도 합니다. 그리고 첫 소절의 화음만으로도 달빛 속의 추억이 그려지는 신비스런 베토벤의 피아노 소나타 14번, '월광'의 그 유명한 첫 악장 '안단테 소스테누토' 역시 C# minor입니다.

나이가 들어 어느새 베토벤의 후기 현악 사중주의 세계 속으로 조금씩 들어서게 되었습니다. 그 길이 나에게도 열리기 시작한 것은 '현악 사중주 14번 작품번호 131', C# minor의 첫 악장을 들은 때였습니다. 알반 베르크 사중주단의 연주가 담긴 음반이 베토벤의 후기 현악 사중주의 신비로운 세계로 향하는 문이 되었습니다.

인생을 C# minor처럼 부드러우면서도 다감하게, 우아하면서도 깊이 있게, 친절하면서도 여백을 가지고 걸어가고 싶다는 생각을 할 때가 있습니다. 그럴 때에 어울리는 벗이 요한 제바스티안 바흐의 위대한 '평균율클라비어곡집'에 나오는 두 곡, C# minor의 프렐류드와 푸가입니다. I권의 네 번째 프렐류드와 푸가 BWV 849와 II권의 네 번째 프렐류드와 푸가 BWV 873을 들을 때마다 감각의 황홀함과 정신적 관조에서 오는 평정이 차례로 마음과 생각을 감싸고 돕니다. 헝가리의 피아니스트 안드라슈 쉬프가 젊은 시절에 연주한 평균율 음반은 이 곡이 주는 위안과 기쁨을 알게 했습니다. 돌고 돌아서 여전히 이 음반을 좋아합니다.

C# minor의 명곡들과 함께 독자분들을 음악서재로 초대합니다. 모두가 철학자가 되어 음악서재에서 교양의 숲을 걸으며 음악과 책을 벗으로 삼으면 좋겠습니다.

책의 머리말은 고마운 분들에 대한 감사의 자리이기도 합니다. cpbc 가톨릭평화방송 라디오 '최대환 신부의 음악서재'에서 매주 일요일 오후 함께 음악과 교양의 숲을 일구고 있는 김민영 피디님과 정신후 작가님, 그리고 가톨릭평화방송에 감사를 드립니다. 책을 제안하시고 가장 열성적인 독자로서 여러 성가신 작업을 맡아주신 책밥상 전지운 대표님께 감사를 드립니다. 그리고 이 책의 여러 글들의 첫 번째 묘판이 되어준 '최대환 신부의 음악이야기' 연재를 변함없이 응원해 주시는 의정부 교구 홍보국장 신부님과 실무 담당 직원분께 고마운 마음이 큽니다.

책을 쓰면서 평생에 걸쳐 벗이 되는 고전음악이 나를 사로잡은 순간을 생각해 보았습니다. 초등학교를 졸업할 무렵 성탄절에 선물로 받은 몇 개의 음악 카세트테이프가 기억났습니다. 카라얀이 지휘한 〈로시니 서곡집〉, 빌헬름 켐프가 연주한 〈베토벤의 비창, 월광, 열정 피아노 소나타집〉, 아마데우스 사중주단이 연주한 슈베르트의 〈죽음과 소녀 현악사중주〉, 푸르니에, 켐프, 쉐링의 베토벤의 〈피아노 삼중주 대공〉을 성탄절 선물로 주셔서 고전음악의 문을 열어주신 나의 어머니 백 마리아 여사께 말씀드리지 못한 감사의 마음을 부족한 책으로나마 대신합니다.

2020. 10. 최대환 신부

들어가며_ C# minor처럼

—

1악장

Commodo_ 혼돈의 시대 위로,를 건네며

2악장

Cantabile_ 계속되는 삶,을 노래하며

나가며_ 코다Coda, 진솔한 고백

참고 및 추천 도서와 음반 Book & Music Album List

1
악
장

Commodo

혼돈의 시대

위로, 를

건네며

당신은 당신의 삶을 바꾸어야 한다

릴케와 우리 시대

봄은 왔건만 바이러스와의 긴 싸움은 끝날 기미가 보이지 않았습니다. 지치기 시작했을 때, 시인 라이너 마리아 릴케(1875-1926)의 편지글을 모은 책 한 권을 서점에서 만났습니다. 독일 릴케 정본 전집의 산문과 편지글의 편집을 맡고 있는 울리히 베어가 방대한 릴케 서간들 중에서 '삶'에 대한 조언을 골라 엮고 설명을 단 이 책의 우리말 제목은, 원제를 직역한 《당신은 당신의 삶을 바꾸어야 한다》(이강진 옮김, 에디투스, 2020)입니다. '삶을 위한 일곱 개의 주석'이라는 부제가 붙어 있습니다.

'시인들의 시인'이라 불리기도 하는 릴케가 현대문학에 끼친 영향은 큽니다. 만년의 걸작 《두이노 비가》는 문학의 경계를 넘어 철학자들과 예술가들에게도 큰 영감이 되고 있습니다. 릴케를 높이 평가한 사람 중에는 철학자 하이데거도 있습니다. 하이데거가 자신의 후기 철학에서 낭만주의 시대의 대 시인 프리드리히 횔덜린의 시를 통해 그가 보기엔 막다른 길에 놓인, 서양 존재론의 한계를 넘어서려 시도한 것은 잘 알려져 있습니다. 하이데거는 횔덜린만큼이나 릴케의《두이노 비가》에서 큰 영감을 얻고 있습니다.

릴케의 시는 시대를 넘어서 오늘의 예술가들에게도 창작의 보고입니다. 이를 영화감독 빔 벤더스가 작가 페터 한트케와 함께 작업한 철학적인 영화〈베를린 천사의 시〉에서 실감할 수 있습니다. 영화의 기본 착상과 대사들 곳곳에서, 무엇보다 천사들의 독백에서《두이노 비가》의 그림자를 보게 됩니다.《말테의 수기》나《사랑하는 하느님 이야기》같은 릴케의 산문들 역시 여전히 많은 사람들이 좋아하고 세대를 거쳐 꾸준히 읽히고 있습니다. 릴케의 문학은 현대의 정신적 위기 징후를 미리 예감한 작품들이기도 하고, 신관에 대한 심오한 질문이기도 합니다.

릴케는 시인, 작가, 예술가, 철학자들에게 평생 파고들며 대결해야 하는 귀중한 존재이지만, 일반 독자에게는 위로를 주는 시인이고 작가이며 사랑하게 만드는 존재입니다. 그의 시는 수수께끼 같으나 난해하다기보다는 신비하다고 말하고 싶습니다. 먼 곳을 향하도록 자극도 주지만 그 길을 떠날 수 있는 힘을 얻도록 위로 역시 줍니다.

릴케의 편지는 우리 시대에 절실한 사유를 불러일으킵니다. 그는 끊임없이 우리에게 '삶이란 변화'라고 깨우쳐줍니다. 그리고 그 변화를 감행할 용기를 줍니다.

변화의 시간

변화는 좋은 것만이 아니라 나쁜 것 역시 포함합니다. 삶의 모든 사건들은 그 본질상 변화 안에 있습니다. 인생을 피상적이고 관성적이아니라 깊이 있게 살아가며 우리의 존재가 충만해지는 계기는 '변화'와 만나면서 생깁니다. 삶을 변화로 이해하고 받아들이는 사람은삶의 고난과 모순 속에서도 점점 전체적인 의미를 보게 될 것입니다. 릴케는 자신의 경험과 사유의 결과로 삶의 본질에 대해 다음과같은 결론에 도달합니다.

> 그렇지만 이것이 바로 삶이 아닐까요? 여러 보잘 것 없는, 불안한, 작디작은, 그리고 부끄러운 하나하나가 마지막에 가서는 하나의 커다란 전체로 거듭나는 것 말입니다. 삶이란 아마 우리가이해하거나 의도할 수 있는 것이기보다는, 오히려 우리의 가능성과 실패가 한데 뒤섞여 만들어 내는 무언가일 것입니다.
>
> _ P.120-121《당신은 당신의 삶을 바꾸어야 한다》

릴케는 변화를 통해 삶의 본질에 다가서는 '용기'를 가지라고 조언

당신은 당신의 삶을 바꾸어야 한다

합니다. 이는 '코로나 시대'의 삶의 방식에 대해 고민하는 우리에게 필요한 지혜입니다. 긴 시간을 역병이 주는 긴장 속에서 하고 싶은 것들, 가고 싶은 곳들을 참는 답답한 일상이 이어지고 있습니다. 의료진들과 보건 공무원들이 겪는 매일의 사투와 사람들에게 닥친 병고와 생활의 어려움을 체감할 때마다 마음이 무겁습니다. 세계 곳곳을 채우는 혼란과 사람들의 신음과 비극적 상황들을 매일 외신으로 접합니다.

예전의 일상을 찾고 싶은 바람이 많은 이들에게 있습니다. 무심하고 당연하게 보냈던 일상의 소소한 즐거움들이 참 소중하고 고마운 것이었다는 것을 뼈아프게 깨닫습니다. 동시에 지금까지 사회가 움직여온 방향과 내가 살아온 모습이 근본적으로 변화해야 한다는 진실에 비로소 눈을 뜹니다. 전 세계가 끝이 보이지 않는 긴 터널을 걷는 시간 동안, 나는 나에게 부여된 과제가 무엇일까 생각합니다. 내 삶의 방향을 이제 진지하게 '시험'에 부쳐봐야 한다는 것이 분명해집니다.

무엇이 좋은 삶이고 바람직한 삶인지, 어떻게 살아가야 하는지 깊이 묻게 됩니다. 인간의 선한 의지는 어떻게 지켜질 수 있고, 인간이 파괴한 자연과 환경은 어떻게 다시 회복될 수 있는지 고민해야 합니다. 그런 과정에서 내 삶의 방식이 민낯을 드러냅니다. 누구도 대신해줄 수 없는 나의 책임을 대면하면 부끄러움도 느끼지만 비로소 '진실의 시간'과 대면하는 귀한 체험이기도 합니다. 그 옛날, 그

리스의 철학자 소크라테스가 도덕적, 정치적 혼란에 빠진 아테네의
동료 시민들에게 재판정에서 한 말은 지금 여기에서, 무엇보다 나에
게 향하는 고언입니다.

캐묻고 스스로를 시험에 부치지 않는 삶은 살 만한 가치가 있는
삶이 아니다.

_《소크라테스의 변론》 38a*

릴케의 글을 안내자로 삼아, 그리고 소크라테스의 충고를 마음에 새
기며 삶을 변화시키는 길에 대해 깊이 생각해봅니다. '탈출', '변용',
'동경'의 세 단어가 떠올랐습니다. 지금까지의 안이한 삶의 궤도에
서 과감히 '탈출'하는 사람만이 삶을 변화시킬 수 있습니다. 그 탈출
은 궁극적으로는 자신의 존재를 깊고 충만하게 하여 자신의 본모습
을 찾는 '변용'에서 성취됩니다. 탈출을 감행하고 변용을 수행하는
뿌리는 우리 안에 자리하는 깊은 '동경' 안에 있습니다.

탈출을 위하여

자신의 삶을 변화시키고자 한다면 출구를 찾으려는 절박함이 있어
야 합니다. 탈출은 각자도생이 아닙니다. 역설적이게도 자기 혼자만

당신은 당신의 삶을 바꾸어야 한다

살 길을 찾는 사람, 자신만의 안위와 욕망을 돌보는 사람, 거짓과 모략을 수단으로 삼으려는 이들에겐 참된 탈출의 길은 가려지고 점점 더 멀어집니다. 그는 '탈출구'가 아닌 '막다른 벽' 앞에 서게 될 것입니다. 탈출은 자기 자신을 넘어서는 가능성이며, 이를 통해 타인에게 다가가고, 자기 자신을 온전하게 찾는 움직임입니다.

타자에 대한 태도에서 인간성의 표지를 읽었고, 보편성과 전체성만을 지향하는 형이상학이 아니라 타인의 얼굴을 향하는 윤리학을 '제일철학'으로 삼아야 한다고 말한 유대계 프랑스 철학자 에마누엘 레비나스(1906-1995)를 기억합니다. 그는 자신의 저서《탈출에 관해서》(김동규 옮김, 지만지, 2012)에서 '탈출'이야 말로 '철학의 심장부'에 속하는 개념이라고 규정합니다. 그는 탈출은 '자기에 대한 자아의 결박 상태를 깨뜨리는 것'을 꿈꾸게 한다고 말합니다. 유대인인 그에게 '탈출의 철학'은 구약성서 '탈출기'의 정신 속에 그 근원이 있을 것입니다.

구약성서의 이스라엘 백성이 체험한 40년에 걸친 탈출의 역사를 명상하다 보면 깨닫고 배우게 됩니다. 탈출은 홀로 살아남으려는 욕망의 질주가 아니라 올바른 길을 발견하고 성장하여 진정한 자기 자신을 찾으려는 여정이며, 이는 개인만이 아니라 공동체에도 적용되는 사실입니다.

배제와 혐오가 고착된 사회는 영영 탈출구를 찾지 못할 것입니다. 신약성서 복음서에 나오는 절벽으로 미친 듯이 달려가는 돼지

떼처럼 공멸을 향해 질주할 것입니다(마르코 복음 5, 1-10 참조). 출구를 찾아 탈출하고자 한다면 선한 마음에 가치를 두어야 합니다. 연대와 연민을 소중히 여겨야 하고, 거짓과 악의 어린 비난과 비아냥거림 대신에 조용히 힘을 더해주고 함께 지혜를 찾는 자세로 타인을 포용할 수 있어야 합니다. 무기력하지 않고 의로우며 온유한 심성이 자라나도록 애쓰고 북돋아야 합니다. '탈출'을 위해 먼저 우리가 '변용'되어야 하는 이유입니다.

변용을 위하여

변용으로서의 변화는 우리 시대에게 도덕적, 정신적, 영적 각성을 요구하며 각 개인과 공동체의 '존재적 변화'를 의미합니다. 변화, 변신, 변용을 뜻하는 '메타모르포시스'라는 고대 그리스어를 사유하다 보면 진정한 변화가 무엇인지 조금 더 명확해집니다. 형태, 본질이라는 뜻을 지닌 '모르페'와 '넘어서다'라는 의미를 담은 '메타'가 어원입니다. '메타모르포시스'는 '변이'를 뜻하는 생물학적 용어이기도 하지만 이를 넘어 철학적 개념으로 확장됩니다.

　독일의 문호 괴테는 식물의 '변이'에 대한 생물학적 연구에 깊이 심취했는데 그것은 그에게 자연철학만이 아니라, 인간의 '도야陶冶'를 추구하는 인문학적 문학론에도 비옥한 토양이 되었습니다.

괴테가 '메타모르포시스'를 과학적 현상을 넘어 창작이라는 정신적 활동에 중요한 요소로 이해한 것은 우리에게 많은 생각을 하게 합니다. 변용은 자연적, 정신적 차원을 아우르는 생명 존재의 근본 원리입니다. 변용은 한 존재가 자신을 잃는 것이 아니라 오히려 진정한 자신의 본질을 실현하는 것입니다.

사실 이 단어는 신화적, 종교적으로도 중요한 의의를 지니고 있습니다. 그리스 신화에 가장 중요한 원천인 오비디우스의 《변신 이야기》는 아예 이 단어를 제목으로 삼고 있습니다. 신약성서에서도 이 단어를 예수 그리스도의 '신현神顯(theopaneia)'을 드러내는 산 위에서의 '거룩한 변모' 장면에서 사용합니다(마르코 복음 9, 2 참조).

20세기의 중요한 가톨릭 철학자 디트리히 폰 힐데브란트는 그리스도교적 종교 체험을 논하면서 자기 존재가 새롭게 '변형(transformation)'되도록 신에게로 향하고 변화에 열린 자세 갖기를 강조했는데, 이는 성서의 가르침에 기반하는 것입니다. 종교적 구도의 길이란, 결국 평생에 걸친 지속적인 변용의 여정이니까요. 종교적 차원이 아니라 하더라도 존재적 변용이야말로 외적 변화보다 더 근본적인 변화이며 삶이 결실을 맺고 인격이 완성되어가는 길입니다.

그리움을 아는 사람만이

자신의 존재가 변용될 수 있도록 스스로를 여는 것은, 자기 자신 안에 갇혀있지 않고 자신을 넘어서려는 자세입니다. 이러한 자세는 더 큰 존재를 향한, 진정한 자기 자신을 향한 갈망과 그리움이 동력입니다. 이러한 내면의 힘을 우리는 '동경'이라고 부릅니다. 변화는 가치 있는 것을 동경하는 사람에게 일어나는 사건이자, 그 동경을 꾸준히 현실화해온 사람과 공동체에 주어지는 결실입니다.

진정한 삶의 변화를 생각하면서 마음을 섬세하면서도 단단하게 하고, 사유를 예리하면서도 깊게 하도록 위로하는 음악들을 찾아 들어보게 됩니다.

90년대 가장 중요한 록 음악의 명반 중 하나로 꼽히는 라디오헤드의 〈오케이 컴퓨터O. K. Computer〉(1997)에 실린 '출구의 음악(Exit Music(for a film))'은 멜랑콜리의 정수를 보여주는 인상적인 곡입니다. 바즈 루어만의 유명한 영화 〈로미오와 줄리엣〉의 엔딩 곡으로 작곡되었다는 후일담도 있습니다.

원곡도 좋지만, 우리 시대의 가장 뛰어난 재즈 피아니스트 중 한 명인 브래드 멜다우의 해석 역시 탁월합니다. 그가 자신의 〈트리오 앨범 3집(Songs: The Art of Trio vol. 3)〉(1998)에서 연주곡으로 해석

당신은 당신의 삶을 바꾸어야 한다

한 '출구의 음악'은 원곡의 비감 어린 격정과는 조금 다른, 슬픔을 아는 마음을 관조적으로 들려줍니다. 이 연주를 들을 때마다 치유하는 힘과 사유를 불러일으키는 힘을 동시에 느끼곤 합니다. 음악을 들으면서 서로의 아픔을 헤아려줄 수 있는 마음이야말로 우리 시대를 위기에서 탈출로 이끄는 출구가 될 것이라고 생각합니다.

'메타모르포시스'에 어울리는 매우 감동적인 음악이 리하르트 슈트라우스(1864-1949)의 '메타모르포젠Metamorphosen(변용)'입니다. 그는 독일 후기 낭만파 음악의 마지막 거장이라 할 만한 인물로 오페라, 교향시, 가곡 등에서 많은 걸작을 남겼습니다. 그의 유명한 교향시 '죽음과 정화'에 가려 조금은 덜 알려져 있지만 스물 세 개의 현악기를 위한 합주인 이 곡은 마음을 사로잡고 내면 깊이 침잠하게 하는 힘이 있는 음악입니다. 표제 하나 없고 중간에 쉼도 없이 30여 분에 걸쳐 연주됩니다. 언뜻 보면 추상적이고 난해할 것 같지만 의외로 직접적으로 우리의 감정을 움직이게 하는 곡입니다.

베토벤 3번 교향곡의 2악장인 '장송 행진곡' 악장을 동기로 삼아 베토벤에 대한 경의를 표한 곡이라고 언급되기도 하고, 2차 세계 대전 말미에 작곡된 만큼 그가 주로 활동했던 도시인 뮌헨이 오페라 하우스를 비롯해 도시 대부분이 폭격으로 파괴된 것을 보고 비탄과 추모의 마음을 담았다고 말하기도 합니다. 세기말 유럽의 문화적 교양 시대를 향유했던 작곡가가 만년에 2차 세계 대전으로 찬란했던 유럽문화에 조종이 울린 듯한 암울한 시대적 상황을 보며 느낀 심경이 작품 안에 담겨있다는 해석이 무리는 아닌 듯합니다.

다만 작곡가가 정확하게 이에 대해 밝히지 않은 듯하고 '메타모르포시스'라는 단어의 독일어인 '메타모르포젠'이란 제목을 택한 이유도 명확하지 않습니다. 연구가에 따라서 괴테적 의미의 '변용'에 관한 철학을 담고 있다는 해석을 하기도 합니다. 그렇다면 비탄과 함께 치유의 희망 역시 음악적으로 표현된 것이라 볼 수 있겠지요.

저는 이 음악을 들으면 인간사의 비극성에도 불구하고 끊임없이 존재의 변화와 변용을 향하는 인간 정신의 움직임을 그려내고 있다는 인상을 받게 됩니다. 이 곡의 모범적인 연주로 오토 클렘페러, 헤르베르트 폰 카라얀, 루돌프 켐페 등의 전설적 지휘자들의 역사적 명반들이 꼽히고 있습니다. 음반만이 아니라 음원을 통해서도 이런 고전적 연주를 쉽게 접할 수 있는 것은 기술 발전이 안겨준 선물이겠지요. 개인적으로 요즘 즐겨 듣고 있는 연주는 핀란드의 지휘자이자 작곡가인 에사 페카 살로넨이 '그랑쥬 오 록 페스티벌 오케스트라'와 함께 작년(2019년)에 녹음한 명석하면서도 감동적인 음반입니다.

'동경'을 불러일으키는 노래가 있다면 저에게는 무엇보다 '오직 그리움을 아는 이만이'입니다. 괴테의 불후의 교양소설《빌헬름 마이스터의 수업시대》에 나오는 미뇽이라는 소녀와 하프 타는 노인이 함께 부르는 이중창이 그 노랫말입니다.

그리움을 아는 이만이 나의 이 괴로움 알리라!

혼자, 그리고 모든 즐거움과 담 쌓은 곳에 앉아

저 멀리 창공을 바라본다.

　_ P.366《빌헬름 마이스터의 수업시대 1》(안삼환 옮김, 민음사, 1999)

이 시에 아름다운 멜로디를 얹은 슈베르트와 차이코프스키의 가곡 '오직 그리움을 아는 이만이(Nur wer die Sehnsucht kennt)'는 그 음악이 시작되면 늘 하염없이 듣게 됩니다. 그러다 문득, 동경의 대상들이 다 다를지라도 동경하고 그리워할 수 있다는 사실만으로도 사람들은 서로에게 연민하고 공감하고 위로를 나눌 마음을 갖게 된다고 믿게 됩니다. 동경은 욕망처럼 자기 안으로 모든 것을 흡수하려는 마음이 아닙니다. 오히려 자기를 넘어서고 스스로를 열어주고 내어주는 원동력입니다. 그리움은 우리를 변모하게 하고 더 나은 사람이 되게 합니다.

　동경에 관해 글을 쓰다가 다시금 음반을 꺼내 듣게 됩니다. 차이코프스키가 곡을 붙인 가곡은 명 첼리스트, 므스티슬라프 로스트로프스키의 아내이기도 한 갈리나 비쉬네프스카야가 부른 음반으로 참 많이도 들었습니다. 슈베르트의 곡은 주로 여성 가수들의 해석으로 듣곤 했었는데, 요즘은 바리톤 마티아스 괴르네의 음반을 자주 듣게 됩니다.

음악을 들으면서 진정한 변화를 꿈꿔봅니다. 도피가 아닌 진정한 탈출을, 옷만 바꿔 입는 것 같은 겉꾸밈이 아닌 진정한 존재의 변용을, 내 욕망과 두려움의 포로가 되는 것이 아니라 동경과 그리움을 통해 자기를 넘어서 마침내 진정한 자신을 발견할 수 있는 순간을 갈망합니다.

이 어려운 시기가 우리 자신과 우리 사회에 선사된 기회가 되면 좋겠습니다. 이익과 욕망을 쫓는 이기심, 소외와 고립, 배제와 혐오, 허위 같은 허물을 벗고 공동선을 추구하는 참된 인간의 삶을 향해 존재의 변화를 이루기를 소망합니다.

---

*　　38a_ 스테파누스 번호로, 플라톤 저작을 인용하는 국제적인 약속임

　　　　　　당신은 당신의 삶을 바꾸어야 한다

《페스트》의 음악들

우리가 《페스트》를 읽는 이유

아마도 2020년 올해 전 세계적으로 가장 널리 읽히고 자주 언급된 문학작품은 알제리 출신의 프랑스 작가이자 실존주의 사상가 알베르 카뮈가 남긴 고전 《페스트(La Peste)》일 것입니다. 공교롭게도 올해는 카뮈가 불과 마흔넷의 젊은 나이에 노벨 문학상을 받아 명성의 절정에 이른 불과 몇 년 후, 불의의 교통사고로 1960년 1월 4일에 갑작스럽게 세상을 떠난 60주기가 되는 해입니다. 그것만으로도 사람들이 카뮈를 추모하고 재조명할 이유가 충분하겠지만 《페스트》가 이처럼 열광적인 호응을 얻게 된 것은, 이 작품이 코로나 바이러스라는 재난의 한복판에 있는 우리 시대에 그 어느 때보다도 현실성과 시의성을 얻게 되었기 때문입니다.

카뮈가 1947년에 이 작품을 내놓았을 때, 당대의 독자들은 작품에서 묘사하는 알제리의 해변 도시 오랑을 휩쓴 페스트의 참상과 인간의 모습들을 전쟁 시 프랑스 점령에 대한 상징으로, 전쟁 후 혹시 다가올지 모르는 전체주의에 대한 불길한 예언으로 받아들였습니다. 카뮈가 이 책을 출간한 해는 2차 세계 대전이 끝난 후이지만 그가 5년여에 걸쳐 이 작품을 구상하고 작업한 것은 전쟁의 한복판, 무엇보다 프랑스가 나치 독일에 치욕적인 패배를 당한 후 파리는 독일 점령 하에 들어가고 남부 지방은 독일에 부역하는 비시 정권이 통치하던 암울한 시기였습니다.

이 시절 사람들은 대부분 선택의 기로에 서게 되었습니다. 그렇다고 확신에서 또는 기회주의적 동기에서 나치에 협력하고 부역하거나, 혹은 목숨을 걸고 나치에 대항하는 레지스탕스 지하조직 활동에 참여한 사람들만 있었던 것은 아니었습니다. 어두운 시대의 무게 속에서 숨죽이고 외면하며 살거나, 아니면 혼란과 자기 분열에 빠져 무력해지고 스스로 무너져 내린 수많은 평범한 시민들이 있었습니다. 생명의 위협, 생존의 염려만이 아니라 윤리적, 인간적 가치들이 온통 흔들리고 무의미해지는 인간 조건을 카뮈는 '부조리'라고 불렀습니다.

카뮈는 그 유명한 갈리마르 출판사의 편집인으로 전쟁 중에도 자신의 경력과 문학 활동을 이어갔지만, 동시에 가명으로 레지스탕스 조직에 가담해 '앙가주망(투신)'의 선택을 감행했습니다. 또한 작가로서 다른 방식으로 살아가는 사람들에 대해서도 깊이 이해하려 했으며 무기력하고 피상적인 선택들이 한 인간이 소속된 공동체의 삶을 얼마나 지속적으로 황폐하게 만드는지 날카롭게 바라보았습니다. 그는 절망적인 상황에서 병들어가는 정서와 전도되는 도덕 관념들을 표현하는 가장 적절한 은유로서 '페스트'를 선택했고, 이를 통해 인간 존재와 실존을 깊게 탐구합니다.

카뮈는 전문적인 철학자는 아니지만 그의 소설과 에세이 등의 문학작품들에는 사상적, 철학적 요소가 중심에 자리합니다. 그래서 자주 전쟁 이후 한동안 유럽의 사상과 문화를 휩쓴 '실존주의'의 대표자로 평가됩니다.《페스트》에서도 '부조리', '앙가주망' '반항'이라는 실존철학적 요소는 분명하게 드러납니다. 작중 인물들이 '페스트'가 상징하는 부조리한 삶의 조건을 대면하면서 어떻게 반응하고 행동하는가가 서사의 중심에 있습니다.

카뮈가 공감과 존경을 보이는 소설의 주요 인물인 의사 리외, 공무원 타루, 기자 랑베르는 '부조리'에 순응하거나 부정하고 도피하는 대신에 대면하고 대결하고 '반항'하는 사람들입니다. 그 대결과 반항은 자신의 이기적 욕망을 폭발시키거나 일탈하는 것을 의미하지 않고 선을 행한 참여와 투신으로 나타납니다. 카뮈의 다른 작품에 비해 이 작품에는 부조리를 감지하는 개인의 실존적 고뇌와 반항이 보다 분명하게 유대, 연대, 공감이라는 '공동체적 가치'와 만나고 있습니다.

카뮈가 지향하는 연대와 참여라는 윤리적 가치는 등장인물들이 처해있는 정신적, 정서적인 위기가 절실하게 표현될 때만 설득력을 가질 수 있습니다. 카뮈는 사람들을 정신적, 정서적으로 병들게 하는, 당시 독일 점령 하의 프랑스 사회에 만연한 공통적 정서를 민감하게 포착하고 이를 《페스트》라는 문학으로 형상화하는 데 성공했습니다. 유배되고 이별이 강제되어 고립된다는 두려움과 절망이, 겉으로 아무 일 없고 일상이 유지되는 과장된 태도 속에서 병으로 곪아가는 과정을 《페스트》는 생생하게 보여줍니다.

소설적 시간과 공간만이 아니라 카뮈가 글을 쓰던 전쟁 중의 프랑스나, 전쟁이 끝난 후 여전히 황폐한 마음으로 살고 있는 사람들에게도 그의 묘사는 잘 들어맞습니다. 이는 카뮈가 인간 실존의 보편성을 통찰하고 있기 때문입니다. 죽음의 위협과 사랑하는 이들과의 지속적 단절을 함축하는 유배와 고립의 정서는 각 개인과 공동체에 도전으로 다가옵니다. 허무와 무기력과 일탈에 휩싸일 것인지, 아니면 용기를 내고 연대하면서 선을 향한 실존적 투쟁으로 나아갈 것인지, 선택에 따라 이처럼 서로 다른 길이 주어집니다.

카뮈가 예술가적 직관과, 동시대를 애써 살아낸 참여하는 지식인으로서의 투신을 통해 그려내는 유배의 정서는 오늘날 이 작품이 우리에게 깊은 인상을 주는 중요한 요소라고 생각합니다. 세계 곳곳에서 사람들은 코로나 바이러스에 시달리면서 유배되고 이별하고 고립되는 체험을 하며 이러한 상황이 언제 나아질지 모르는 불확실성에 동요하고 있습니다. 어두운 전망이 새로운 상식이 된 시대에 인간적 삶에 대한 희망을 포기하지 않고 분투하는 극중 인물들의 모습은 우리 시대에 큰 영감이 됩니다. 카뮈의《페스트》가 필독의 가치를 갖는 이유입니다.

유배의 정서와 오르페우스 신화

카뮈는 유배의 정서를 그려내면서 그리스 신화에 나오는 음악의 신 오르페우스를 떠올립니다. 사실 소설《페스트》의 작업 시기였던 독일의 프랑스 점령 시기에 많은 예술가들이 오르페우스 이야기에 공감하고 이 주제로 작업한 것을 보게 됩니다. 다양한 분야에서 천재성을 발휘했던 시인이자 배우이고 영화감독이었던 장 콕토(1889-1963)는 그의 젊은 시절과 만년에 이르는 긴 시기 동안 〈시인의 피〉, 〈오르페〉, 〈오르페의 유언〉이라는 세 편의 걸작 영화에서 오르페우스 이야기를 소재로 삼고 있습니다. 사람들은 이를 '시인 3부작'으로 부릅니다. 이 영화들을 보면 오르페우스 신화가 환기시키는 '유배'의 정서가 얼마나 근원적인지를 느끼게 됩니다.

예술가들은 로마 시대 작가 오비디우스의《변신 이야기》를 통해 전해진 그리스 신화 속 오르페우스에게서 자신의 세계로부터 분리, 사랑하는 사람과의 이별, 생의 기쁨의 상실이라는 현대적 의미를 이끌어냅니다. 이 모든 것을 함축해서 카뮈는 '유배의 정서'를 말하고 있습니다.

그런데 오르페우스는 '유배'를 상징할뿐더러 '죽음 앞에 선 인간'의 무력함을 보여줍니다. 오르페우스 이야기에서 오르페우스가 죽음의 지하세계에서 구해낸 에우리디체를 두 번째로 잃는 것이 이야기의 비극성을 더해주는 것처럼, 페스트를 통해 유배된 절망은 그 끝에 죽음이 있다는 것을 외면하려는 시도 때문에 더 깊어집니다. 카뮈가《페스트》에서 오르페우스를 언급하는 장면은 오르페우스가 상징하는 이러한 내용을 탁월하게 드러냅니다. 페스트가 드리우는 죽음의 그림자를 애써 외면하려는 시민들의 헛된 노력을 마치 모든 것이 정상인 것처럼 극장에서 오페라 〈오르페우스와 에우리디체〉 공연이 지속되는 상황으로 집약해서 보여주기 때문입니다.

리외와 타루는 오랑 시의 극장에서 페스트 와중에도 유일하게 계속 공연하고 있는 오페라 '오르페우스'를 보러 갑니다. 카뮈는 오페라를 감상하는 공간에 공존하는 도피적 정서와 숨길 수 없는 두려움을 잘 묘사합니다. 마치 정상적인 삶이 '여전히' 계속되고, 앞으로 다 잘 될 것 같은 자기 위안이 오히려 현실의 비참함을 드러내고 있는 것이지요. 이 오페라를 지배하고 있는 주제인 죽음과 실제 현실에 가까이 다가선 죽음의 위협, 예술을 향유하는 행위에서 도피처를 찾는 헛된 노력이 아이러니하게 겹쳐지고 있습니다.

이 장면은 도시와 시민이 가까스로 유지해온 최소한의 평온을 페스트가 마침내 그 뿌리까지 해체하고 있음을 보여줍니다. 흡사 죽음의 사자와 같은 무대의상을 입고 오르페우스 역을 하던 오페라 가수가 '실제로' 무대 위에서 갑자기 발병하여 쓰러집니다. 겉꾸밈으로라도 담담한 척하며 공연에 몰두하던 관객들이 더 이상 평정을 가장하지 못하며 일대 혼란을 일으키면서 극장을 빠져나갑니다. 무대와 객석에 남은 것은 죽음과도 같은 침묵뿐입니다. 이 인상적인 장면을 카뮈는 다음과 같이 맺고 있습니다.

> 그 광경은 당시 그들이 겪고 있던 삶의 이미지를 그대로 보여주었다. 무대 위에는 광대의 모습으로 분장한 채 쓰러진 페스트가 있고, 관람석에는 버려진 부채며 붉은 의자 위에 늘어진 레이스 달린 숄 같은, 이제는 아무 쓸모가 없는 사치가 있었다.
>
> _ P.234《페스트》(유호식 옮김, 문학동네, 2015)

오페라 〈오르페우스와 에우리디체〉

오르페우스가 나오는 오페라 중에서 걸작으로 꼽히는 유명한 작품은 두 편이 있습니다. 한 편은 '오페라'라는 음악극 형식의 진정한 시작이자 르네상스를 넘어 바로크 음악의 시대를 연 중요한 작곡가 중 한 명인 이탈리아의 작곡가 클라우디오 몬테베르디Claudio

Monteverdi(1567-1643)의 대표작 〈오르페오(L'Orfeo)〉입니다. 불멸의 걸작이지만 근대 이후 이 오페라가 역사적 유물처럼 여겨졌던 시기도 있었습니다. 하지만 20세기 중반 이후 원전악기를 통한 정격연주*의 부흥 이후 이 곡의 위대함은 더 분명하게 현대의 청중에게 알려졌고 인기도 지속적으로 높아졌습니다. 그럼에도 이 곡의 아름다움은 여전히 더 많은 이들에게 발견될 여지가 있습니다.

그런데 《페스트》에 등장하는 오르페우스에 대한 오페라는 곡명을 말하고 있지는 않지만 독일의 작곡가 크리스토프 빌리발트 글룩 Christoph Willibald Gluck(1714-1787)의 걸작인 오페라 〈오르페오와 에우리디체Orfeo ed Euridice〉로 보입니다. 혁명과 질풍노도의 시대정신에 힘입어 글룩이 시도한 오페라의 개혁은 음악사적 의미로써 높이 평가받고 있습니다. 이 오페라는 노래들의 모음이 아니라 극으로서의 오페라를 정립한 획기적인 작품이고, 오늘날까지도 대중적 사랑을 받는 작곡가의 유일한 작품이기도 합니다. 개인적으로 최근에 녹음한 데이비드 베이츠가 지휘하는 라 누오바 무지카의 뛰어난 음반으로 들으면서 이 작품의 진가를 새롭게 실감할 수 있었습니다.

글룩의 이 걸작 오페라에서 가장 중요한 곡은 역시 마지막 악장에 나오는 '에우리디체 없이 나는 어떻게 하나?(Che farò senza Euridice)'입니다. 오페라 역사에 남을 명곡인데 보통 콘트랄토**나 카운터 테너***가 부릅니다. 어렸을 때 영국의 위대한 콘트랄토, 캐슬린 페리어Kathleen Ferrier(1912-1953)가 부른 것을 라디오에서 처음 들었을 때의 감동을 잊을 수가 없습니다. 영국 글라인드본과 네덜란드 암스테르담 두 군데에서 케슬린 페리어가 노래한 실황공연 녹음이 남아있어 많은 이들에게 이 곡이 가진 깊이와 감동을 전해 주고 있습니다.

---

*   정격연주_ 옛날에 창작되었던 음악을 현대 악기가 아니라 당대에 사용하던 악기 와 연주법으로 연구하는 일

**   콘트랄토_ 여자의 목소리 중 가장 낮은 음역의 소리

***   카운터 테너_ 성인 남성의 높은 성부

그 여름의 끝

여름의 끝에 만나는 행복의 얼굴

여름이 언뜻 빠져나가나 싶을 때 가을은 이미 한 발 들어와 있습니다. 여름의 시작은 나른하고 시간은 느리게 흐르는 듯했지만 방심한 사이 여름은 쏜살같이 지나갑니다. 생각하면 준비하고 가을을 맞이한 적은 없는 것 같습니다. 가을이 찾아올 때 나는 이제야 여름의 추억에 잠깁니다. 가을과 함께 과거형의 여름이 시작됩니다.

　여름은 장마와 홍수와 습기와 폭염 속에서 하루하루 씨름하며 보내는 시기입니다. 여름은 나른한 공휴일 오후 같은 느긋함을 허락하는 시기이지만 애써 무거운 몸을 움직여야 하는 힘겨운 시절이기도 하고, 애를 써도 일은 도무지 진전이 없는 때이기도 합니다. 쉬기도 일하기도 잠에 들기도 어려운 열대야, 마를 새 없이 푹 젖어버린 옷처럼 지치게 하는 때입니다. 그러니 여름은 고단한 시절인데도 막상 여름을 보내고 그 남은 자취에는 어느 계절보다 그리움이 짙습니다. 정작 그때는 여름이 주는 행복을 못 알아챘건만 지나고 나면 마음 깊은 곳에서 여름의 추억이 자라나고 뭉클한 감정이 목까지 차오릅니다. 여름은 떠나간 연인을 닮은 계절이라고 빗대어 말할 수 있지 않을까요.

코로나 시대에 처음 보내는 여름은 많은 이들에게 편안한 휴가와 쉼이기보다는 잊을 만하면 긴장이 찾아오는 버거운 시험 기간이었습니다. 더구나 올해는 끔찍할 정도로 쏟아지는 비와 홍수와 연달아 찾아오는 태풍에 온 나라가 깊은 상처를 입은 아픈 시간이기도 했습니다. 하지만 아마도 한 해 두 해 시간이 흐르면 코로나와 심란한 폭우로 어지러웠던 '그 여름의 끝' 역시 애틋함으로 남게 되겠지요.

여름이 시간 속에서 숙성되면 추억이 된다는 것을 경험으로 배웠습니다. 만만한 계절이었던 적이 없었을 텐데 지나간 여름은 늘 내 편입니다. 여름내 입에 달고 다니던 푸념과 불평은 기화된 물방울처럼 흔적이 없고, 시원한 숲속을 천천히 걷고 나무 그늘이 있는 마당에 눕고, 경관이 좋은 카페에 앉아 창문 밖을 내다보거나 책을 읽는 여유를 누리던 장면들만 곱게 채질을 한 듯 남아있습니다. 그리고 바다의 풍경이 있습니다.

그해 여름에 바다를 처음으로 보는 것은, 한 해의 가장 빛나는 순간입니다. 순수한 기쁨의 찰나라 부를 만합니다. 여름의 바다에는 딱 기분 좋은 만큼의 바다냄새를 담은 해산물의 풍미가 배어있어서 사람을 더 행복하게 합니다. 여름의 정경과 맛을 즐기며 혼자서, 때로는 소중한 이들과 보낸 시간은 추억으로 익어가고 여기에 빠질 수 없는 것이 그 여름에 나를 거쳐 간 책과 음악입니다.

여름이 되면 서점에 책들이 새롭게 단장을 하고 진열됩니다. 독서의 계절은 가을이 아니라 여름인 것은 더는 비밀이 아닙니다. 책은 늘 음악을 부릅니다. 여름과 추억과 책과 음악은 다정한 가족을 닮아서 어느새 마주 앉아있습니다.

이번 여름나기는 모두에게 쉽지 않았습니다. 애써 조심스레 계획한 여행과 휴가도 예측할 수 없는 현실로 막상 떠나기 직전에 접어야 하기 일쑤였습니다. 바다도 제대로 보지 못하고 보내버린 여름이었다고 아쉬워하기도 했습니다. 여름 내내 불안과 막막함의 그림자가 길게 드리워져 있었습니다.

그래도 올해 여름 역시 시간이 지나면 추억으로 남을 것이라는 예감을 가질 수 있다면, 올 여름에 나를 감싸주던 음악과 벗이 되어준 책 덕분입니다. 이제 막 현실의 시간을 빠져나가 기억의 시간에 자리를 잡기 시작하는 '그 여름의 끝'에 서서 지난여름에 내 곁을 지켜준 음악과 책을 떠올립니다.

그 여름의 끝

지금 삶의 행복에 대해

요즘에 사람들이 좋아하는 노래에 '레트로', '뉴트로'라는 단어를 붙일 때가 많습니다. 외국어를 남발하는 것은 고쳐야 할 관행이지만, 아무튼 이 시기를 사는 사람들의 '마음 풍경'을 보여주는 말인 것은 분명합니다. 여름에 화제가 된, 추억을 불러오는 노래 한 곡- '싹쓰리'의 '다시 여기 바닷가'-이 얼마나 많은 사랑을 받고 많은 사람들을 행복하게 하는지를 보면서 '레트로'라고 불리는 '복고 취향'은 인간 심저의 근원적 갈망을 알려주는 부표와도 같음을 실감했습니다.

사람들에게 추억이란 부수적인 것이 아닙니다. 간직하고 싶은 소중한 추억을 쌓고자 소망하고, 고이 간직한 추억을 때때로 꺼내보며 행복해하는 것은 우리가 인생을 숨 쉬는 방식입니다.

이번 여름에 〈쉘부르의 우산(Les Parapluies de Cherbourg)〉이라는 추억의 프랑스 영화를 아주 오랜만에 다시 찾아 감상했습니다. 영화의 배경은 1950년대 말에서 1960년대 초반, 알제리 전쟁으로 혼란스러운 시대의 프랑스 노르망디에 위치한 항구도시입니다. 영화가 개봉한 것이 1964년이니까, 아주 옛날 영화입니다만 세월에 부식되는 것이 아니라 낡은 흔적도 아름다운, 젊은 날 추억을 상징하는 영화입니다. 부모님 세대의 젊은 시절을 수놓은 〈카사블랑카〉나 〈로마의 휴일〉 같은 영화나, 아니면 우리 세대의 기억에 살아있는 〈타이타닉〉이나 〈화양연화〉 같은 영화처럼 말이지요. 10년, 20년이 지난후에 〈원스〉나 〈라라랜드〉 같은 영화도 여전히 청춘 시절을 고스란히 담고 있는 상징으로 남을지 궁금하기도 합니다. 추억의 유효기간도 점점 짧아진다는 느낌이 들지만 어쩌면 선입관일지도 모르겠습니다.

〈쉘부르의 우산〉은 감독 자크 드미(1931-1990)의 이름을 지금도기억하게 하는 영화이고, 프랑스를 대표하는 대배우 카트린 드뇌브를 20대 초반의 나이에 단번에 세계적 스타로 만든 영화입니다. 무엇보다 프랑스를 대표하는 재즈 음악가이자 영화음악 작곡가인 미셸 르그랑이 맡은 주제 음악의 멜로디는 너무나 유명합니다. 영화를보지 않은 사람도, 영화의 제목을 듣지 못한 사람도 영화의 주제 선율은 낯설지 않을 것입니다.

이번 여름에 이 영화를 다시 보게 된 계기도 자크 드미와 미셸르그랑이 함께 작업한 영화음악 전곡을 모은 전집 음반을 감상할기회가 있었기 때문이었습니다. 〈쉘부르의 우산〉, 〈로슈포르의 숙녀들〉, 〈당나귀 공주〉 등 전집에 담긴 모든 영화음악들에서 미셸 르그랑의 세련되면서도 고전적인 화성에 정감 있고 독특한 재즈풍의멜로디와 리듬을 즐길 수 있었지만, 역시 〈쉘부르의 우산〉은 가히 시간을 잊을 만큼 매혹적이었습니다. 〈쉘부르의 우산〉 전곡이 담긴 음반을 여러 번 심취해 듣다 보니, 옛날에 본 영화의 장면이 떠올랐고 영화가 너무나 보고 싶어졌습니다.

영화는 내내 노래로 이어지는 뮤지컬입니다. 섬세하고 다채롭게 감정을 실은 레치타티보*와 샹송들이 살아있는 색감으로 가득 찬 화면에 흐릅니다. 그 유명한 주제곡의 멜로디는 주인공 기가 군대에 징집되어 내전이 일어난 알제리로 떠나게 되었을 때, 여주인공 쥬느비에브가 "나는 너 없이 결코 살아갈 수 없어(Je ne pourrai jamais vivre sans toi)"라고 아름답고 애절하게 노래 부르는데, 듣는 사람의 마음에 깊이 와 박힙니다.

영화에서 카트린 드뇌브가 부른 이 노래는 후에 전 세계적으로 사랑을 받으면서 나나 무스꾸리나 마리 라포레 등 수많은 음악가들이 노래하고 연주하는 스탠더드 곡이 되었습니다. 이 주제음악은 영화의 마지막인 겨울날 주유소에서 두 주인공이 짧은 재회와 이별을 하는 장면에서도 나와 여운을 남깁니다.

영화를 보며 자크 드미 감독의 빛나는 재능은 물론이고 등장인물과 인생에 대한 감독의 애정과 긍정의 마음을 느낄 수 있었습니다. 이 영화가 매우 애절한 '이별 이야기'라는 인상을 오랜 시간 지니고 있었는데, 이번에 다시 보니 오히려 지금 삶의 행복에 대한 감사를 담담하게 노래하는 이야기처럼 느껴졌습니다.

영화의 주인공들에게 인생은 때때로 의도하지 않은 방향으로 흘러갔습니다. 슬픔과 좌절, 시련도 있었고, 사랑을 지키기에는 너무 약하고 어리석을 때도 있었습니다. 하지만 그들은 돌이킬 수 없는 것, 되돌릴 수 없는 것에 연연하고 집착하는 것이 아니라 주어진 삶에 최선을 다하며 인생이 허락한 것을 사랑하고 감사하며 살아가는 평범하고 선한 사람들입니다. 여기에는 어떤 악한과 음모도 등장하지 않습니다. 영화는 음악과 색채로 빛나지만 사실 이 영화에는 주인공들이 일하는 우산 가게와 자동차 정비소, 주유소, 그들이 만나는 집과 길과 카페, 극장 같은 소박한 장소 외에 볼거리나 웅장한 풍경이 등장하지도 않습니다.

영화는, 아직 사랑을 간직하고 지켜갈 힘이 없을 때 나눈 첫사랑이 사라져가고, 그럼에도 각기 나름의 인생길을 걸어가며 행복을 찾고 발견하고 소중히 간직하는 이야기입니다. 절제되어 표현된 마지막의 짧은 재회와 이별의 장면이 많은 생각을 하게 합니다. 한때 인생에서 깊이 만났지만 어쩔 수 없이 서로 다른 길을 걷게 되었고, 이제는 각자 행복한 가정을 가진 이들이 서로의 행복에 대해 말없이 존중하고 축복하는 모습을 보면서 결국 인생의 해피 엔딩은 요란하고 극적인 것이 아니라, 무심한 듯 담담하고 소박한 모습으로 온다는 것을 배우게 됩니다.

추억이 행복의 샘이 되기를

이 영화의 아름다움은 사실 자크 드미 감독이 1990년에 타계한 후

2000년대에 영화 필름을 복원하고 재개봉하면서 새롭게 인식되었습니다. 수고스럽고 지난했던 복원 작업을 맡은 사람은 다름 아니라 그와 평생을 함께 한 아내인 아녜스 바르다(1928-2019)입니다. 이번 여름에 벗이 되어준 책 중 하나가 바로《아녜스 바르다의 말》(오세인 옮김, 마음산책, 2020)입니다.

그녀의 첫 영화부터 작년에 타계하기 바로 전 해인 그녀 나이 여든아홉에 만든 마지막 영화까지, 그녀의 긴 영화 인생에 걸친 주요 인터뷰들을 제퍼슨 클라인이 편집한 책입니다. 책에 나오는 아녜스 바르다의 전언을 통해 자크 드미에게 〈쉘부르의 우산〉이 어떤 의미였는지를 알 수 있었습니다. 자크 드미는 이 영화가 '전쟁에 반대하는, 결핍에 반대하는, 그리고 그게 무엇이든 행복을 파괴하는 것에 반대하는 영화'이며, 감독 스스로 이 영화를 만드는 과정이 '극도의 즐거움, 정제된 즐거움'이라고 전해주었다고 말하고 있습니다.

자크 드미의 아내이기 이전에 아녜스 바르다는 매우 뛰어난 영화작가입니다. 젊은 시절인 1960년대에 이미 장 뤽 고다르, 프랑수아 트뤼포, 에릭 로메르 등과 함께 현대 영화에 있어 매우 중요한 분기점 중 하나였던 프랑스 '누벨바그' 운동을 이끈 뛰어난 젊은 영화인으로서 높은 평가를 받았습니다. 상업영화의 영역 속으로 들어가려 하거나 성공을 추구하지는 않았지만, 그녀의 재능과 예술적 확신, 인간적 매력은 그녀의 이름을 평론가들과 예술영화의 지지자들 사이에 지속적으로 알려지게 했고, 젊은 시절에 만든 〈5시에서 7시까지의 클레오〉나 〈행복〉 같은 영화는 비평적 찬사만이 아니라 대중적 인지도 역시 선사했습니다.

하지만 무엇보다 새로운 밀레니엄에 진입하고 노년에 들어선 아네스 바르다가 내놓은 일련의 다큐멘터리들은 그녀에게 진정한 전성기를 맞게 하고 전 세계적인 존경과 명성을 얻게 했습니다. 물론 그녀는 이러한 성공에 흔들리거나 도취되지 않았습니다. 그녀의 노년 작품들은 인생의 지혜를 위트와 공감을 담아 넌지시 보여주며 윤리적 성찰로 이끄는 감동적이고 위대한 유산입니다. 그 결정적 전기가 되었던 〈이삭 줍는 사람과 나〉(2000)는 관객이 자신의 인생과 영화를 보는 시각을 바꾸게 하는 힘을 가진 놀라운 작품이라고 생각합니다.

바르다는 또한 아름다운 세 편의 자전적 다큐멘터리인 〈아네스 바르다의 해변〉(2008), 〈바르다가 사랑한 얼굴들〉(2017), 〈아네스가 말하는 바르다〉(2019)에서 자신의 인생과 영화에 대해 잔잔하면서도 마음 뭉클하게 전해줍니다. 무엇보다도 〈아네스 바르다의 해변〉은 보는 이를, 그녀가 담은 여름 해변으로 초대하는 동시에 보는 이 자신이 마음에 간직한 소중한 여름 해변으로 초대되는 마법과도 같은 작품입니다.

그녀는 이 자전적 다큐멘터리에서 자크 드미를 추억합니다. 그녀는 그를 '지금도 그리워하고 여전히 사랑하는' 사람이라고 부릅니

그 여름의 끝

다. 이제는 세상에 없는 자크 드미에 대해 말하고 기억하면서 그녀는 웃기도 하고 눈가가 촉촉해지기도 하며, 때로는 목매이는 듯 보입니다. 사랑하는 사람을 먼저 보내고 이제 남은 그에 대한 추억에는 여전히 다 마르지 못한 슬픔과 그리움이 묻어있습니다. 동시에 그와 함께 인생에서 체험했던 행복한 시간에 대한 감사와 경탄의 마음이 바로크 음악의 통주저음**처럼 끊이지 않고 살아 숨 쉬고 있습니다.

아녜스 바르다는 추억하는 행위가 과거의 기억이나 박제된 환상에 갇혀있거나 빠져있는 것이 아니라, 지금 여기서 생동하고 지속하는 삶을 위해 '행복의 샘'이 될 수 있다는 것을 '보여' 줍니다. 《아녜스 바르다의 말》의 시작에는 다음과 같은 그녀의 말이 인용되어 있습니다.

바위들 사이에 작은 샘이 있고, 그 샘은 마르지 않죠. 이 철없지만 집요한 낙관주의는 제 행복의 원천이기도 해요.

행복의 원천이 되는 마르지 않는 작은 샘은 무엇보다 '추억'이라고 생각합니다. 추억이 서로의 행복을 축복하게 해주는 힘이 되고 있는 〈쉘부르의 우산〉의 마지막 장면 역시 바르다의 말에 공명하고 있다고 생각합니다. 돌고 도는 문화적 복고 취향을 소비하는 것만이 아니라 많은 사람들이 추억에서 오늘, 여기의 행복을 위한 샘물을 길어오는 지혜를 배웠으면 좋겠습니다.

여름의 끝에 깨닫게 됩니다. 이번 여름에 자크 드미와 아네스 바르다를 다시 만난 것이 얼마나 큰 행운이었는지를.

지나가는 여름의 끝에서

이번 여름에 다시 오랜만에 여러 번 듣게 된 음악이 있었습니다. 아르헨티나의 피아니스트 마르타 아르헤리치(1941-)가 연주한 라벨의 곡들이었습니다. 안 그래도 드뷔시나 라벨 같은 프랑스 인상파 음악들은 여름에 잘 어울린다고 느껴져 여름이 오면 더 많이 듣고는 합니다. 마르타 아르헤리치의 라벨 음반은 추억을 일깨우는 것이어서 다른 여타의 좋은 연주들이 많아도 언제나 각별합니다.

그녀가 연주한 라벨의 곡을 들은 것은 클래식 음악 듣기를 좋아하기 시작했던 어린 시절 때였습니다. 처음에는 라디오 방송으로만 음악을 들었는데 어느 겨울에 부모님에게 카세트 리코더를 선물 받고는 라디오 방송을 녹음해 믹스 테이프를 만들거나, 국내 음반사에서 라이선스로 출반한 클래식이나 팝 음악 테이프로 듣고 싶은 음악을 선택해 듣는 즐거움을 알게 되었습니다. 그러다 중학교 졸업 즈음에 턴테이블을 구하고 나서는 용돈을 모아 라이선스 엘피를 열심히 수집하는 것으로 학창 시절을 보냈지요.

마르타 아르헤리치가 연주한 라벨의 '밤의 가스파르'가 실린 테이프를 만나게 된 것은 중학교에 입학한 그해였던 것으로 기억합니다. 그녀의 인상적인 얼굴 사진이 있는 테이프 표지였습니다. 처음 듣는 라벨의 피아노곡은 신선하고 낯선 음계와 분위기가 너무나 매혹적이었습니다. 당연히 그녀의 연주에 빠져들었습니다. '밤의 가스파르', '우아하고 감상적인 왈츠' 같은 곡 제목 등도 근사하다고 생각했습니다.

이번 여름에는 오랜만에 그녀가 연주한 세르게이 프로코피에프와 모리스 라벨의 피아노 협주곡과 함께 '밤의 가스파르'가 수록된 음반을 구할 수 있어서 라벨의 음악을 원 없이 들었습니다. 순수한 마음으로 음악을 좋아하기 시작하고 호기심과 탐구심에 새로운 음악을 찾던 나 자신의 소년 시절 모습도 떠올라서 추억에 젖었습니다.

라벨의 피아노 협주곡은 상송 프랑수아의 연주 음반을 주로 들었던 기억이 있는데, 아르헤리치가 독주를 맡고 클라우디오 아바도가 베를린 필을 지휘한 연주로 여러 번 들으면서 곡의 아름다움에 깊이 심취했습니다. 두 위대한 음악가가 젊은 시절에 남긴 전설적 명연을 듣는 것은 매우 큰 즐거움이었는데, 클라우디오 아바도가 몇 년 전에 타계해서 그런지 2악장 '아다지오 아사이'의 느리고 더없이 아름다운 선율이 참 애틋하게 다가왔습니다. 아르헤리치의 감정이 실리면서도 강건하고 강렬한 연주도 감동적이었습니다.

이 음반을 들으면서 전에 서점에서 샀던 올리비에 벨라미가 쓴 그녀의 전기《마르타 아르헤리치- 삶과 사랑, 그리고 피아노》(이세진 옮김, 현암사, 2018)를 꺼내 읽었습니다. 그녀의 음악 세계와 흥미로운 개인사는 물론, 수많은 명연주가와 지휘자들과 함께한 일화 뒤에 숨겨진 그녀의 인간미와 인품도 엿볼 수 있었습니다. 이 책에서 아르헤리치는 드뷔시의 음악을 자신이 경애하고 좋아한다면, 라벨의 작품은 그 작품이 자신을 좋아한다고 재치 있게 말하면서 라벨의 음악에서 느끼는 친화성은 마치 가족과도 같은 것이라고 말합니다. 많은 음악 애호가들에게 라벨의 작품은 슈만의 작품과 함께 그녀의 피아노 연주 세계의 가장 뛰어난 경지를 만나는 자리입니다.

'밤의 가스파르'는 라벨의 피아노 독주곡 중 가장 유명하고 사랑받는 작품으로 여름밤에 더없이 어울리는 곡입니다. 프랑스의 시인 알로이스 베트랑의 몽환적인 시에서 받은 인상을 음악으로 그려낸 곡인데 '옹딘', '교수대', '스카르보'의 세 악장으로 되어 있습니다.

첫 번째 곡인 옹딘은 여러 음악가에게 흥미를 끈 소재로 오래된 전설에서 물의 정령을 의미하며 독일어로는 '운디네'라고도 불립니다. 문학과 음악의 '인어공주'의 주제에도 영향을 준 존재이지요. 드뷔시 역시 그의 걸작 '전주곡'에서 '옹딘'이란 멋진 작품을 남기고 있습니다. 옹딘이라는 이름은 프랑스어로 '파도, 물결'을 뜻하는 '옹드'에서 왔습니다.

라벨의 곡도 너무나 좋지만 '옹딘'을 떠오르게 하는 우리 시대의 아

그 여름의 끝

름다운 피아노 소품 역시 추천할 만합니다. 예전부터 좋아한 곡이지만 이번 여름에 유난히 많이 들었습니다. 이탈리아 출신의 작곡가이며 피아노 연주가 루도비코 에이나우디Ludovico Einaudi를 대표하는 작품인 〈웅드(Le Onde)〉입니다.

에이나우디는 걸출한 정치가, 음악가, 출판인들을 조부와 부모로 두고 있습니다. 그의 아버지가 세운 '에이나우디' 출판사는 독일의 '주어캄프'나 프랑스의 '갈리마르'에 비교될 만큼 이탈리아의 학문과 문학의 자존심을 상징하는 출판사입니다. 토리노에서 1955년에 태어난 에이나우디는 밀라노 베르디 음악원에서 유명한 이탈리아의 현대음악 작곡가이고 전위적 경향을 지닌 루치아노 베리오의 제자가 되지만, 영미권의 미니멀리즘 음악가들과 비슷한 경향도 보입니다.

시간이 흘러 자신만의 음악어법을 찾으면서 세련되고 보다 대중적이면서 듣는 이의 마음을 사로잡고 위로하는 음악과 연주를 선사하고 있습니다. 때때로 우리나라에서 뉴에이지 계열 음악으로 소개되지만 그의 음악적 뿌리를 생각해보면 오히려 인상주의 음악이나 에릭 사티에서 모범을 찾고 있다는 생각을 하게 됩니다. 그리고 현대의 뛰어난 록 뮤지션들의 연주와 구성에서도 많은 영감을 흡수하고 있다고 평가됩니다.

영화음악 작곡가로, 극 부수음악 작곡가로 점점 높은 평가를 받던 에이나우디는 1996년에 첫 번째 독집 앨범을 내놓는데 그것이 바로 〈옹드〉이고, 이 음반은 그의 이름을 유럽 전역에 알린 계기가 되었습니다. 이 앨범의 표제곡이 바로 '옹드'입니다. 이 앨범을 포함해서 그의 정규 스튜디오 앨범들도 좋지만 개인적으로는 그의 라이브 공연 앨범에서 많은 위로와 영감을 얻습니다. 그가 2003년에 밀라노라 스칼라 극장에서 공연한 실황을 담은 음반 〈La Scala: 030303〉도 예전부터 참 좋아했는데 이번 여름의 시작에, 여러 상을 받기도 한 그의 2007년 베를린 실황 음반 〈Ludovico Einaudi in Berlin〉을 뒤늦게 음반가게에서 만나 여름내 듣는 즐거움을 얻었습니다. 이 공연의 절정에서 에이나우디는 '옹드'를 연주합니다. 여름밤에 물의 정령이 잠시 시름을 잊게 하고 영혼을 어루만지는 듯합니다.

이제 '그 여름의 끝'은 나를 지나쳐갔습니다. 여름의 끝에 늘 떠오르는 시집이 이성복의 《그 여름의 끝》입니다. 그 표제작 〈그 여름의 끝〉에서 시인은 마당에 핀 백일홍이 숱한 폭풍에도 쓰러지지 않고 꽃을 달고 있다고 눈물 나도록 고마워합니다. 우리도 스스로에게 찬사를 보내야 할 듯합니다, 잘 버티어냈다고.

　우리가 버티어낸 여름은 언젠가는 추억으로 돌아온다는 것을 믿습니다.

---

*　　레치타티보_ 연극에서 대사를 말하는 것처럼 노래 부르는 것을 말함

**　　통주저음_ 건반 악기 연주자가 저음 외에 즉흥적으로 화음을 곁들이며 반주 성부를 완성시키는 기법

새들의 노래

새들이 있는 풍경

도시에 사는 사람들이 휴가조차 시내에서 보내는 것이 더 이상 낯선 일은 아닙니다. 쾌적한 숙소에서 푹 쉬다가 붐비지 않는 시간에 가고 싶었던 맛집을 느긋하게 방문하고 오후부터 해 질 녘까지 고즈넉한 골목길이나 풍경 좋은 산책로를 걷는 것만으로도 충분히 쉼과 기분전환이 됩니다. 개성 있는 독립책방을 둘러보거나 조용한 카페에 앉아 책을 읽는 것도 좋겠지요. 기대가 컸던 먼 여행이 교통이 막혀 고생길이 되거나 늘어난 비용에 마음이 무거워지는 경우도 종종 있으니 사는 곳 근처에서 요란하지 않게 여름 휴가나 명절 휴가를 보내는 것은 늘 나쁘지 않은 선택입니다.

하지만 도시의 일상을 떠나 자연의 품에 안기고 싶은 갈망은 인간 존재에 뿌리내린 것이라 쾌적한 도시의 풍경과 공간이 완전히 대신해줄 수는 없기에 때로는 정말 멀리 멀리 자연 속으로 휴가를 떠나고 싶습니다.

숲과 산과 바다를 찾는 것은 인생에 빼놓을 수 없는 낙이고 위로입니다. 아름다운 자연 속에서 비로소 숨이 트이고 답답한 마음이 풀어지는 체험을 하고 나면 인간은 자연을 떠나서 건강하게 살 수 없다는 것을 실감합니다. 살아있는 존재인 인간은 자연이 주는 생명력 없이 행복하게 살아갈 수 없습니다. 내가 버티기 힘들 만큼 소진되었다고 느낀다면 그만큼 자연에서 멀어져 있다는 뜻일 것입니다. 휴가가 사치가 아닌 것은 생명력을 다시 회복하는 것으로 본성에 따른 필요이기 때문입니다.

이러한 갈망이 있기에 사람들은 도심에서 휴식을 할 때라도 자연을 담고 있는 곳을 즐겨 찾기 마련입니다. 새들이 있는 풍경처럼 말입니다. 새들이 자유롭게 노니는 곳에 머물러보면 살아있다는 느낌이 자연스럽게 마음을 채우고 잔잔한 기쁨이 자라납니다. 대자연 속에서 새소리를 들을 때 느끼는 행복감도 크지만 도시에서 산새들이 있는 곳을 만나면 '비밀의 정원'에 들어서듯 마음이 설레는 것을 느낍니다.

조용한 아침나절에 시내 한복판에 있는 고궁을 찾아 나무들이 우거진 산책로를 거닐다가 새들이 지저귀는 소리와 경쾌한 움직임을 바라보게 되면 다른 것을 잊고 그저 행복한 마음입니다. 새에게서 전해지는 가뿐함과 상쾌함이 사람의 몸과 마음에 직접 두드리는 기분 좋은 리듬이 되어 깊은 곳에 잠자고 있던 생명력을 깨워주고 시름을 잊게 합니다. 인공적인 것이 대신할 수 없는, 오로지 자연만이 간직한 치유의 힘이 있다는 것을 새들에게서 배웁니다.

한스 크리스티안 안데르센의 동화집 속 '나이팅게일'이라는 우아하며 속 깊은 동화는 이러한 교훈을 담고 있습니다.

옛 중국의 어느 황제가 자신의 궁 근처 숲에 사는, 너무나 아름답게 노래를 부르는 꾀꼬리(나이팅게일)에 반해 자신의 방 새장 안에 가둬두고 매일 밤새 그 새의 노래를 듣습니다. 그러다 멋진 노래를 부르는 값진 보석으로 장식된 태엽 감는 꾀꼬리를 얻게 되자 황제는 이 화려한 인조 꾀꼬리를 더 좋아하지요. 점점 살아있는 나이팅게일은 모든 사람에게서 잊히고 그런 사이, 궁전에 갇힌 신세에서 벗어나 숲으로 사라집니다.

세월이 지나 태엽 감는 꾀꼬리의 태엽도 끊어져 더 이상 노래는 들리지 않고 황제는 병이 깊어 기운도 잃고 죽음을 기다리게 됩니다. 그때 창가에서 살아있는 꾀꼬리의 노래가 들리고 황제는 다시 기운을 차립니다. 살아있는 꾀꼬리의 노래에는 '생명'이 담겨있었고 인공 꾀꼬리가 할 수 없는 위로와 치유의 힘이 있었기 때문입니다.

안데르센은 이 이야기에서 나이팅게일을 의인화시켜서 황제와 대화하게 하는데, 나이팅게일은 자신이 죽어가는 황제에게 다시 노래를 들려준 이유는 처음 자신의 노래를 들었을 때 감격해서 황제가 눈물을 흘린 것에 대한 고마움 때문이라고 말합니다. 그리고 다시 궁전에 머물러 달라고 부탁하는 황제에게 이렇게 말합니다.

> 저는 궁정에 둥지를 짓고 살 수 없어요. 하지만 제가 오고 싶을 때 와도 좋다고 허락해 주세요. 그러면 저녁에 저기 창 밖에 있는 가지 위로 날아와 폐하를 위해 노래하겠어요. 폐하께서 행복하고 즐거워하시도록 말예요. 저는 행복한 사람들과 고통 받는 사람들에 대해 노래할 거예요. 폐하 주변에 감춰져 있는 좋고 나쁜 일들에 대해서도 노래하겠어요. 저는 여기서 아주 먼 가난한 어부와 농부의 집으로도 날아간답니다. 그 사람들 이야기를 노래로 불러 드릴게요. 저는 폐하의 왕관보다 폐하의 가슴을 더 사랑한답니다.
>
> _ P.240-241《안데르센 동화전집》(윤후남 옮김, 현대지성, 2016)

여기서 안데르센은 자연이 주는 치유의 힘을 말하고 있습니다. 인간이 자연을 소유하려는 욕심을 버리고, 사랑하고 존중할 때 회복되기 시작합니다.

이 멋진 이야기에, 아마도 아놀트 쇤베르크와 함께 20세기 현대음악의 진정한 시작을 연 작곡가라 할 러시아 태생의 이고르 스트라빈스키Igor Stravinski(1882-1971)가 성악과 기악을 위한 곡을 붙여 자신의 첫 번째 오페라 〈나이팅게일(Le rossignol)〉을 작곡했습니다. 프랑스의 뛰어난 콜로라투라 소프라노* 나탈리 드세Natalie Dessay

가 참여한 녹음과 영상물을 통해 이 곡이 지닌 동화 같은 소박하면서도 다채로운 매력을 즐길 수 있습니다.

이 오페라는 스트라빈스키가 원래 1908년에 착수했습니다. 그런데 그가 디아길레프Diaghilev가 단장으로 이끌고 니진스키Nijinski가 주연을 맡았던 전설적인 발레단인 발레 뤼스Ballet Russe와 함께 작업하며 〈불새〉, 〈봄의 제전〉, 〈페트라슈카〉 등의 기념비적인 작품을 작곡하느라 이 오페라의 완성은 1914년에서야 이루어졌습니다. 그 사이에 그의 음악 언어에 많은 변혁이 있었기 때문에 작곡가 자신이 이 오페라의 음악적 균형에 대해 의구심을 가지면서, 주로 후반부의 음악을 중심으로 1917년에 교향시 '나이팅게일의 노래(Le chant du rossignol)'를 새로 작곡하기도 했습니다. 이 또한 디아길레프가 발레로 공연하는 것을 염두에 둔 것이었으나 실제로는 파리에서 당시 젊은 안무가로서 디아길레프의 문하에 있었던 러시아 출신의 조지 발란신George Balanchine과 작업을 하게 됩니다.

이 작품 이후 스트라빈스키와 디아길레프의 오랜 관계는 악화되었지만 발란신과 스트라빈스키의 오랜 우정과 공동 작업이 시작되는 계기가 되었다고 합니다. 20세기를 대표하는 안무가인 발란신은 이후 뉴욕 시티 발레단을 창설합니다.

교향시 '나이팅게일의 노래'는 오늘날에도 많은 사랑을 받는 스트라빈스키의 관현악 작품입니다. 여러 뛰어난 연주를 통해 스트라빈스키 특유의 리듬감, 강렬한 관현악 소리, 풍자와 유머의 분위기를

새들의 노래

즐길 수 있습니다.

가벼워지는 법 배우기

사람들이 새들의 노래와 움직임에서 생기를 얻는 것은 새들이 자유
롭게 하늘을 날 수 있기 때문일 것입니다. 새의 노래가 위로를 주는
것은 사람들이 새들의 노래를 듣는 순간에 아무것에도 구애받지 않
는 자유를 그려볼 수 있기 때문이겠지요. 새의 자유로움을 바라보는
것은 인간 존재와 인간의 길에 대한 중요한 깨달음으로 이어집니다.
추리소설인 《브라운 신부》 연작을 비롯해 여러 작품을 남긴 뛰어
난 작가이며 중요한 그리스도교 사상가인 체스터튼G. K. Chesterton
(1874-1936)은 이에 대해 매우 인상적인 단상을 남기고 있습니다.

> 가장 날렵한 것들은 가장 부드럽다. 새는 생기 있다. 새는 부드럽
> 기 때문이다. 돌은 무겁기에 무력하다. 돌은 그 본성에 의해 추락
> 하기 마련이다. 그 무거움이 약점이기 때문이다. 새는 자신의 본
> 성에 따라 상승한다. 새의 연약함이 곧 힘이기 때문이다. 완벽한
> 힘에는 공중에 떠있도록 하는 일종의, 경쾌함과 가벼움이 있다.
>
> _ G.K. Chesterton, *Orthodoxy*, in: *The Collected Works* vol.1,
>
> San Francisco: Ignatius Press, 1986

이러한 성찰은 그리스도교의 참된 정신과 현대 문화에 대한 비판을 주제로 삼고 있는 그의 가장 중요한 작품 중 하나인 《오소독시 Orthodoxy(올바른 가르침)》에 등장합니다.

그는 가장 위대한 사람은 가벼워질 수 있는 사람이라는 '역설'은 우연이 아니며 그리스도교 영성의 본질로 보고 있습니다. 그는 중세 시대 성인 이야기에 여러 성인들이 공중으로 부양했다는 글이 자주 실려있고 천사는 자기 자신을 부드럽게 하기 때문에 날 수 있는 반면, 사탄은 스스로를 무겁게 여겼기에 땅으로 추락했다고 전해지는 의미를 성찰합니다.

무거움은 세속적 힘이자 종교적 완고함과 지위에 따른 진지함을 상징하며, 가벼움은 약함과 부드러움과 겸손함을 담고 있는 상태입니다. 무거움은 강하고 위대해 보이나 오만하고 허무하여 생명을 잃고 추락하기 쉽습니다. 가벼움은 자신의 부족함을 통해 상승하게 하며 이는 진정한 생명력의 표시입니다. 성인들이란 거창한 인물이기 이전에 이러한 '역설'을 보여주는 사람들입니다.

종교 차원을 떠나서도 우리 인생에서 자신을 너무 무겁게 생각하는 대신 '가볍게 할 수' 있는 삶의 지혜는 매우 중요합니다. 우리가 새를 관찰하며 배울 것이 많다는 것을 최근에 번역 출간된 조류학자이자 기자이며 환경 운동가들인 필리프 J. 뒤부아와 엘리즈 루소의 에세이 《새들에 관한 짧은 철학》(맹슬기 옮김, 다른, 2019)을 읽으며 생각하게 됩니다.

새들의 노래

저자들은 새들의 습성에 투영해서 인생에 대한 태도를 성찰합니다. 등장하는 새들은 티티새, 오리, 맷비둘기, 굴뚝새, 큰되부리도요, 뻐꾸기, 거위, 울새, 암탉, 극락조, 카나리아, 바위종다리, 개똥지빠귀, 까마귀, 방울새 등 다양합니다. 무엇보다 오리가 털갈이하는 것을 관찰하며 깨닫게 되는 사실이 앞서 체스터튼이 전해주는 성찰과 잘 통하고 있습니다. 오리가 털갈이하는 것은 벌거벗고 나약해지며 지금까지 해왔던 것을 전적으로 멈추는 '일식'과도 같은 시간이라고요. 사람에 적용하자면 우리가 존재의 나약함을 인식하고 받아들일 때 우리의 내적 상처는 치유되고 삶은 비로소 한 발 더 앞으로 나아가게 될 것입니다.

삶의 크고 작은 순간순간 속에서 재생의 시간을(일시적으로 아무 것도 하지 못하며, 무력함을 견뎌야 하는), 일식의 시간을 받아들이자. 그러면 우리에게 있던 근원의 힘과 아름다움을 되찾을 것이다. 새처럼 한없이 가벼워질 것이다.

_ P.21《새들에 관한 짧은 철학》

새는 음악가들에게 매력적인 소재이자 영감의 원천이었고, 창작의 고뇌를 잠시 잊고 위로를 주는 존재였을 것입니다. 여러 음악가들의 전기를 읽다 보면 그들이 여름이면 즐겨 새들이 지저귀는 자연을 찾아 한적한 별장에서 작업을 했다는 것을 알게 됩니다. 그러나 막상 새들을 주제로 한 고전음악이 아주 많지는 않습니다. 카미유 생상의 너무나 유명한 소품인 '백조', 영국 작곡가 랄프 본 윌리엄스의 '날으는 종달새', 위대한 첼리스트 파블로 카잘스가 편곡해 자주 연주한 그의 고향 카탈루냐의 민요인 '새의 노래' 정도가 떠오릅니다.

하지만 새들의 노래를 들을 때 느끼는 순수한 즐거움과 가장 닮은 음악을 들자면, 저에게는 언제나 '클라브생 작품집(Pièces de Clavecin)'과 '새로운 클라브생 작품집(Nouvelles Suites de Pièces de Clavecin)'이라는 제목이 붙어있는 프랑스 바로크 시대의 작곡가 장 필립 라모Jean Philippe Rameau(1683-1764)의 두 권의 건반악기 모음곡입니다.

바흐, 스카를라티, 헨델 등 독일과 이탈리아의 위대한 작곡가들과 거의 같은 해에 태어난 라모는 이들 못지않게 위대한 음악가이지만, 이들과 비교해서는 말할 것도 없고 같은 프랑스 바로크 작곡가인 륄리, 샤르팡티에, 쿠프랭에 비해서도 그의 작품들이 자주 연주되지 않습니다. 그 이유로 음악사에서 뛰어난 이론가로서의 면모가 더 일찍 높이 평가받아서이거나, 바로크와 계몽주의 이래 서양음악이 독일어권을 중심으로 발전했기 때문이라 추측해볼 수 있습니다.

라모는 음악가 중에서 철학자 데카르트에 비견될 만큼 지적이고 이론적으로 뛰어나기도 했지만 무엇보다 프랑스적인 세련되고 빛나는 감수성으로 지금보다 더 많은 감상자들에게 사랑받을 만한 빼어난 작품들을 많이 남겼습니다. 그의 중요한 작품들로, 특히 서곡들이 탁월하다는 평을 듣고 있는 오페라를 먼저 들어야 하지만 건반악기 모음곡들도 보석 같은 작품들입니다. 클라브생, 쳄발로, 하프시코드 등으로 불리는 그 당시 악기로 연주하는 건반악기 모음곡들을 들으면 정말 새들이 찬란하게 노래하는 것 같습니다.

그 중 가장 사랑받는 곡에 속하는 '모음곡 마단조(Pièces de Clavecin Suite in E minor)'에는 아예 '새들의 모임(Le Rappel des Oiseux)'이라는 제목이 붙어있기도 합니다. 블란딘 라누Blandine Rannou나 셀린 프리슈Céline Frisch가 하프시코드로 탁월하게 이 곡들을 연주한 라모의 음반들을 듣다 보면, 시간을 잊은 듯 황홀한 기분이 되고 마음이 조금씩 치유되는 느낌을 받습니다.

물론 바흐의 음악을 통해 알 수 있듯이 뛰어난 바로크 건반악기 음악들은 현대 악기로도 큰 감동을 줍니다. 사실 장 필립 라모의 건반 음악을 처음 접한 것은 클래식 연주자들을 통해서가 아니라 중학교 시절 퓨전 재즈의 대가인 밥 제임스가 전자악기로 연주한 1984년도에 나온 〈Rameau〉라는 음반이었습니다. 지금도 그때 처음 들었을 때 받았던 신선하고 따뜻하고 부드러운 인상이 남아있습니다.

라모의 곡을 피아노로 연주한 음반들도 제법 있습니다. 현재 프랑스를 대표하는 피아니스트로, 문학적인 재능도 뛰어나며 거장 미하엘 하네케의 영화에 출연하기도 한 재능 가득한 알렉상드르 타로가 피아노로 연주한 라모의 음반이 최근 녹음 중에서는 대표적입니다. 하지만 아무래도 피아노로 연주한 라모의 음반 중에서 가장 자

철학자의 음악서재, C#

주 손이 가는 것은 프랑스의 여류 피아니스트 마르셀 마이어Marcelle Meyer(1897-1958)가 만년에 남긴 선구적인 녹음들입니다. 그녀의 따뜻하고 경쾌하면서도 깊이 있는 라모의 연주를 들을 때마다 깊은 감동과 위로를 받게 됩니다.

라모의 건반 음악에서 받게 되는 위로는, 집착하고 지배하고 경쟁하려는 경향에서 조금씩 자유로워지고 스스로를 가볍게 하는 방법을 배운 사람이 느끼는 삶의 기쁨과 닮았다고 생각합니다.

벌새의 노래를 들어라

새들이 자유로이 날갯짓을 하는 모습을 바라보고, 그 노랫소리에 즐거워하다가 우리가 요즘 사는 모습을 돌아보면 세상이 참으로 사나워졌다는 생각이 듭니다. 각각의 마음도 그런 세상의 영향을 받을 것이고, 그런 사람들의 마음은 세상을 더 폭력적이게 만들 것입니다. 이런 악순환의 고리에 어떻게 하면 작은 균열이라도 낼 수 있을까 고민하게 됩니다.

불안과 염려의 시간이 너무 오래 되다 보니, 내면의 분노가 쌓여갑니다. 다들 마스크를 쓰고 다녀야 하고, 가벼운 기침도 불길한 조짐이 되고, 분노의 눈길이 사방에 보이는 것을 경험하면서 미래의 암울한 모습을 그린 영화들에 등장하는 비정상인 것이 일상이 되는

'디스토피아'가 우리의 일상 안에 도래하고 있다는 예감이 듭니다.

예방이 어려운 새로운 바이러스만이 힘겨운 것이 아니라 어느 사이엔가 우리 사회를 숙주 삼아 사람들을 치명적으로 감염시키고 있는 혐오와 배타성과 거짓과 분노의 '바이러스'들이 더 무서운 것일지 모릅니다. 매일처럼 낯선 말과 글들을 만나야 하는 것은 감염된 사회의 징후일 것입니다. 그리고 가혹했던 폭우와 홍수, 좀처럼 사라지지 않는 코로나 바이러스, 이 모두가 온난화에 따른 전 세계적 차원의 기후 재앙의 시작에 불과하다는 암울한 생각이 마음을 무겁게 합니다.

이렇게 우리 시대를 짓누르는 불안의 구름은 너무나 무겁고 어두워서 사람들은 어디에서 다시 출발해야 할지 그 중심과 방향을 잡기 어렵습니다. 지속 가능하고 함께 연대하는 사회를 향한 길은 너무나 멀고 아예 끊어진 것처럼 느껴지기도 합니다. 만연한 무력감은 신경증적 사회의 토양이 됩니다. 분노와 낙담이 일상이 되는 것이지요.

이러한 시대를 극복하는 것은 매우 커다란 과제이고 도전입니다. 역설적이게도 그러한 도전에 응답하는 첫 발은 거창한 일을 해내는 데 있는 것이 아니라 우리 내면을 두드리는 작고 여린 '인간다움'의 소리에 귀 기울이는 것이라 생각합니다. 연민의 마음을 가질 줄 알고, 타인에게 따뜻하고 호의를 가지고 대하며, 이웃의 행복을 진심으로 기원할 수 있고, 나에게 주어진 인생의 작은 기쁨에도 감사할 수 있는 삶의 태도를 회복할 때입니다. 비유적으로 말하자면

'작은 새가 지저귀는 노래'를 들을 수 있는 마음입니다. 큰 변화가 필요한 시기에 우리들은 어느 때보다 섬세하게 작고 여린 사람들의 이야기에 관심을 갖고 귀 기울이는 노력이 필요합니다. 자기 자신을 가만히 돌아보고 돌보며 거친 분노와 정체 모를 불안과, 성찰이 결여된 인정 욕구가 내는 소음에서 벗어나야 합니다. 묻혀있던 내면의 갈망이 속삭이는 말에 귀를 기울여야 합니다.

작년(2019)에 많은 사람들에게 잔잔한 감동을 주고, 섬세하게 느끼고 공감하고 깊이 생각할 수 있는 계기가 되었던 김보라 감독의 영화 〈벌새〉는 이러한 시급한 삶의 과제를 생각하게 했습니다. '성수대교 사고'라는 비극을 배경으로 놓고 한 소녀가 힘들지만 꿋꿋하게 행복으로 가는 길을 찾아가는 성장기를 여린 맥박을 짚어가듯 인내로 따라가는 영화였다고 생각합니다.

전 세계적으로도 높은 평가를 받은 이 영화는 불편한 진실들에 대해 이야기하지만 결국은 잔잔한 감동과 위로를 줍니다. 그 위로는 값싼 것이 아닙니다. 영화는 관객에게 자기 자신의 마음을 섬세하게 대하고, 또한 다른 이의 마음을 이해하고 공감하고자 애쓸 때 서로가 함께 살 수 있다는 것을 절박하게 보여 줍니다. 영화가 초대하는 이러한 여정을 힘겹지만 포기하지 않고 따라온 관객에게 이 영화가 주는 위로는 설득력이 있습니다.

영화의 극본과 영화에 관해 작가와 평론가들의 감상평을 실은 영화에 대한 책이 영화를 이해하는 데 큰 도움을 줍니다. 특히 이 책에 실린, 감독이 미국 작가 앨리슨 백텔과 나눈 대담 중에서 다음 대목이 매우 인상적이었습니다.

> 벌새는 세상에서 가장 작은 새다. 이 작은 새는 꿀을 찾아 아주 멀리까지 날아가는데 그 모습이 은희의 여정과 닮아 있다고 생각했다. 은희는 아주 작은 여자아이이지만, 사랑받기 위해서 또 진정한 사랑을 찾기 위해서 많은 곳을 날아다닌다. 그리고 동물들이 가진 상징에 대한 책을 찾아보았을 때 벌새에는 희망, 회복, 사랑 같은 좋은 상징들만 있었다. 그래서 영화에 붙이기에도 좋을 거라고 생각했다.
>
> _ P.253《벌새》(김보라 쓰고 엮음, 아르테, 2019)

'벌새'가 제목으로, 좋아하는 노래들이 있습니다. 시리아계 미국 가수 베두인Bedouine의 작년에 나온 두 번째 앨범 〈Bird Songs of a Killjoy〉에 실린 곡들은 다 좋지만 특히 '벌새(Hummingbird)'라는 곡은, 짧지만 참 아름답고 그 멜로디와 분위기가 잊히지 않는 곡입니다. 또 다른 곡은 영국의 프로그레시브 포크 록 그룹인 스트롭스Strawbs의 리더인 데이브 커즌스Dave Cousins가, 한때 스트롭스의 일원이었고 후에 슈퍼 그룹 예스Yes의 키보디스트로 명성을 떨친 릭 웨이크먼Rick Wakeman과 함께 2002년에 내놓은 앨범인

⟨Hummingbird⟩에서 들을 수 있는 'Hummingbird'입니다. 스트롭스의 명곡들이 그랬듯이 마음에 다가오고 향수를 불러일으키면서도 쉬이 싫증나지 않는 아름다운 곡입니다.

그리고 마지막으로 음유시인 레너드 코언의 목소리를 듣게 됩니다. 2016년 그가 세상을 떠난 후 작년(2019)에 그의 열다섯 번째 스튜디오 음반이자 여러 다른 아티스트들이 참가한 유작 음반으로 ⟨Thanks for the Dance⟩가 출반됩니다. 그 마지막 곡의 제목이 마음에 남습니다. '벌새의 노래를 들어라(Listen to the Hummingbird)'는 노래라기보다는 시라고 해야 할 가사를, 탁월한 시인이었던 그가 이렇게 읊조립니다.

벌새가 노래하는 것을 들으시오
새의 날개는 눈에 보이지 않으니.
벌새의 노래를 들으시오
나를 들으려 하기 전에.

---

*   콜로라투라 소프라노_ 빠르게 굴러가듯이 장식적이며 기교적인 노래를 부르는
          데에 적당한 소프라노를 말하며, 소프라노 중에서 가장 높은 소리넓이를 가짐

베토벤의 도시, 하일리겐슈타트에서

하일리겐슈타트로 가는 길

우울과 낙담이 시대의 정서가 되어버린 것 같아서 마음이 무겁습니다. 마음이 답답할 때 베토벤의 3번 교향곡 '영웅'과 5번 교향곡 '운명'을 듣고는 합니다. 음악을 들으며, 베토벤의 생애와 음악은 이 시대를 살아갈 위로와 용기를 준다는 것을 느낍니다. 그 역시 절망으로 이끄는 삶의 짐을 평생 지고 살아갔으나 결국은 '어둠을 통하여 빛으로' 나아가는 인생의 길을 걸은 사람이었습니다.

그가 서른 즈음의 나이에 스스로 세상을 떠날 것을 고민하면서 동생들에게 남기려고 한, 그러나 결국은 자신이 간직한 '하일리겐슈타트의 유서'에는 당시 그의 내면에 자리했던 깊은 심연이 담겨있습니다. 베토벤이 희망을 갖고 왔으나 결국 절망이 깊어졌던 곳, 그러나 다시 그 절망의 바닥에서 한 발씩 걸어 나오게 되는 용기와 의지를 찾은 곳이 하일리겐슈타트Heiligenstadt라는 작은 마을입니다.

오스트리아의 수도이자 전 세계 사람들이 문화 도시로 사랑하는 빈의 시 중심부는 근대시대 이후 동그랗게 전차 길로 둘러싸인 구조입니다. 그 기준이 되는 정거장에 '링 슈트라세'라는 이름이 붙어있습니다. 여기서 유럽식 전차인 '트람'을 타고 30분 정도 외곽으로 나가면 하일리겐슈타트라는 아담한 동네에 닿게 됩니다. 빈 시에 속한 되블링 구에 위치하고 있지만, 이미 전원적 풍경이 물씬한 교외 지역으로 나온 기분이 듭니다.

　이런 인상이 틀린 것도 아닌 것이, 예전에는 독립된 지방 자치 지역이었고 빈 사람들이 휴가나 휴양으로 많이 온 곳이라고 합니다. 포도밭이 가득해서 풍요롭고, 광천수가 있어 건강을 회복하기에도 적격인 장소였던 것이지요. 오늘날에도 많은 사람들이 산책과 신선한 포도주를 곁들인 소박한 음식들과 함께 생기를 얻으려고 즐겨 찾는 곳입니다.

　하일리겐슈타트가 전 세계의 음악애호가들에게 익숙한 이름이 된 것은 위대한 작곡가 루트비히 판 베토벤(1770-1827) 때문입니다. 베토벤은 본에서 태어난 독일 사람이지만 젊은 시절 이후 내내 빈에서 살았고, 그의 활동 무대이며 영광과 고뇌가 가득한 격정적 생애를 보낸 곳도 빈이었습니다. 그보다 앞선, 그리고 그가 사랑하고 존경한 위대한 음악가들인 요셉 하이든, 볼프강 아마데우스 모차르트와 함께 빈 고전주의 음악의 세 거장으로 불리는 이유입니다.

베토벤은 이방인으로 빈에 와서 각고의 고투 끝에 서른 즈음에 이미 음악적 성취와 사회적 인정을 얻었습니다. 하지만 압박감과 서서히 심각해지는 청력 이상 등으로 육체적, 심리적 건강이 크게 상하게 되어서 의사의 권유로 휴양과 기분전환을 위해 하일리겐슈타트에 잠시 거주하게 됩니다. 그러나 그 체류 기간은 생각보다 길어집니다.

베토벤과 함께 음악 역사에 기록된 마을답게 하일리겐슈타트 곳곳엔 베토벤의 이름을 딴 장소들이 있습니다. 베토벤이 살았던 집들은 베토벤에 대한 다양한 자료가 수집되어 있는 '베토벤 하우스'로 보존되어 있거나 아니면 사람들에게 사랑받는 식당이 되어있기도 합니다. 그중에서도 '베토벤 산책길'이 특히 인상적입니다. 빈에서 출발한 전차의 종점인 하일리겐슈타트 정거장에서 바로 이어져 찾기가 어렵지 않습니다. 야트막한 구릉을 끼고 이어지며 제법 큰 나무들이 우거지고 시냇물이 흐르는 아름다운 길입니다. 한참을 걷다가 구릉 위에 오르면 목가적인 풍경도 기분 좋게 즐길 수 있습니다.

가는 길에 보이는 하일리겐슈타트의 공원묘지도 인상적입니다. 베토벤이 묻혀있는 곳은 아니지만 묘지 뒤에 바로 붙어있는 포도밭이 인상적이어서 공원묘지 안을 한참 산책했던 기억이 납니다. 정성스레 꾸며진 묘석에 적힌 기도문들과 비문들을 읽어보다가 문득 포도나무들과 묘비석들이 어울리는 광경에 눈이 갔는데 깊은 인상을 받았습니다. 묘지에 감도는 죽음의 엄숙함과 포도가 상징하는 삶의 약동이 서로 떨어져 있는 것이 아니라 같은 근원이라는 생각이 들었습니다. 신약성서에서 신의 일을 하는 사람들을 '포도밭의 일꾼'이라 부르는 것도 떠올랐습니다.

하일리겐슈타트 곳곳에는 '호이리게Heuriger'들이 있어 더욱 사람의 마음을 느긋하고 풍요롭게 합니다. 이 마을이 관광객들에게 사랑받는 명소가 된 이유이기도 합니다. 자신의 포도밭에서 딴 포도들로 포도주를 마련하고 소금 빵이나 치즈, 햄, 샐러드 같은 간단한 음식들을 대접하는 소박한 식당들을 '호이리게'라고 부르는데 포도밭의 경관을 보며 편안한 휴식도 함께 즐길 수 있습니다. 이름난 호이리게에는 아주 유명한 사람들도 많이 방문했다는 것을, 걸어놓은 사진들을 보면 알 수 있습니다.

요한 23세부터 프란치스코 교황까지 역대 교황들에게 헌정한 포도나무들이 있는 포도밭도 산책을 하다 발견했습니다. '교황님들은 알기나 하시려나'라고 생각하며 재미있게 여긴 기억이 납니다.

베토벤 산책로를 따라 걷다 보면 공원이 나오는데 거기서 베토벤 흉상을 만나게 됩니다. 하일리겐슈타트 읍내에 있는 또 다른 공원에서도 역시 근사한 베토벤의 동상을 볼 수 있습니다. 우리에게 잘 알려진 베토벤 상은 물론 빈 시내에 있는 세계적인 음악의 중심지 빈 콘체르트하우스 음악당 바로 근처에 있는 베토벤 공원에 있습니다만, 이곳에서 만나는 베토벤 상들 역시 베토벤의 인간적 흔적을 따라가고 있다는 실감이 나게 해서 반갑습니다.

하일리겐슈타트의 유서

베토벤이 하일리겐슈타트에 오게 되었을 때에 그는 여러모로 '운명의 타격'에 시달리고 있었던 것으로 보입니다. 실연의 아픔도 있었다는 것을 여러 베토벤 전기 작가들이 전해주고 있습니다. '불멸의 연인'이라고 불리는 베토벤의 연애사는 서양 음악사에서도 많은 사람들이 꽤나 관심을 갖는 주제이기도 하지요.

하지만 무엇보다 그에게 고통스러웠던 것은 음악가로서는 치명적인 난청이 젊은 나이에 이미 되돌리기 힘들 정도로 악화되고 있었다는 사실입니다. 유서에 따르면 베토벤은 거의 6년 전부터 이 지병에 시달려서 온갖 치료법을 다 동원했지만, 이제는 거의 치료 불가능한 병이라고 선고를 받은 상태였습니다.

베토벤은 당시에 음악의 중심지 빈에서 하이든과 모차르트의 진정한 후계자이자 이제 새로운 미래의 음악언어를 정립할 대가로서 인정받고 음악가로서의 경력에 전성기를 막 열 때였습니다. 스무 살의 나이에 멀리 떨어진 독일 도시 본에서 빈으로 음악을 공부하기 위해 온 후 10여 년 만에 놀라운 성취를 이루었던 것이지요. 신분사회인 당시 빈에서 평민계급으로서는 이례적으로 존경과 경제적 안정을 누리며 음악가로서 활동에 전념할 수 있는 사회적 지위를 얻은 것입니다.

더 중요한 것은 당대에 인기를 얻고 의뢰인에게 만족을 주기 위해 타협하는 직업으로서의 작곡가가 아닌, 미래를 여는 음악 양식을 확립하고 동시대인들이 상상할 수 없었던 걸작을 남기려는 진정한 예술가로서의 소명과 포부를 품고 있었다는 사실입니다. 예술가로서 작품의 수준에서나 평론가들의 인정에 있어 당대 빈 음악계에서 독보적인 위치에 올랐기에 자의식과 자부심을 지니고 다른 사람과의 비교가 아니라 스스로 예술가로서의 기준에 따라 작곡에 전념할 수 있었습니다.

그런 시점에 음악가로서는 사형선고나 다름없는 청각장애에 놓이게 되었으니 그의 절망은 클 수밖에 없었습니다. 소문과 시기, 질투가 일상인 빈의 음악계와 사교계를 생각하면 그는 소수의 믿을 만한 친구와 의사 외에는 자신의 상태를 쉽게 털어놓지도 못했기에 인간관계에서 많은 오해나 고립이 야기되기도 했습니다. '하일리겐슈타트의 유서' 맨 앞부분에도 자신이 귀가 어두워지는 병 때문에 본의 아니게 '고집불통'이나 심지어 '인간 혐오자'라는 평판을 얻게 되는 것에 대해 힘들어했던 사연이 한탄처럼 등장합니다. 그렇지만 그는 한 친구에게 보낸 편지에서 이런 난관에 굴하지 않겠다는 의지를 표현하고 있습니다.

철학자의 음악서재, C#

이 불행이 없다면 얼마나 좋을까! 이 세상을 자유롭게 끌어안고 싶네! (……) 매일 난 느낄 수는 있지만 말로는 설명하기 힘든 목표에 가까이 다가가고 있네. 그대의 B(베토벤)는 이렇게 살아갈 것이네. 결코 고요히 살지는 않을 걸세.

_ P.278 재인용《베토벤》(얀 카이에르스 지음, 홍은정 옮김, 길, 2018)

그는 이러한 고난에도 여전히 뛰어난 작품을 내놓았고 명성도 높아졌지만 점점 심리적, 육체적 탈진 상태가 심해졌습니다. 주치의는 그에게 삶의 방식을 완전히 바꾸어야 한다며 빈 시내를 떠나 전원생활을 할 것을 충고했고, 마침내 베토벤은 그의 나이 서른둘인 1802년 4월에 하일리겐슈타트로 아예 이주하게 됩니다.

처음에 그는 하일리겐슈타트가 너무 마음에 들었고, 전원생활은 그에게 여러 걸작을 구상할 수 있는 생기와 음악적 영감을 주었습니다. 그러나 나아지지 않는 병세는 주기적으로 우울감이 찾아오는 원인이 되고 초기의 이러한 긍정적인 기운은 속절없이 절망으로 바뀌어갔던 것 같습니다.

결국 베토벤은 그해 가을에 하일리겐슈타트에서 비탄과 절망에 찬 짧은 글을 씁니다. 바로 '하일리겐슈타트의 유서(Heiligenstädter Testament)'입니다. 하일리겐슈타트라는 이름이 역사에 기록되는 순간입니다. 그의 두 동생에게 보내는 이별 편지 형식으로 되어있는 이 유서를 베토벤은 실제로는 동생들에게 보내지 않고, 자신이 간직하고 있다가 나중에 그의 사후 유품에서 발견되었습니다.

여러 곡절을 거쳐 이 유서는 대중에게 공개되었고, 많은 사람들에게 숙연한 마음과 함께 이 거인의 내면 속 고독과 아픔을 생각하게 합니다. 남아있는 동생들의 일상사에 대해 세심하게 조언을 하는 데서 가족에 대한 그의 사랑을 느낄 수 있습니다. 그러나 가장 마음을 울리는 내용은 유서의 뒷면에 후기처럼 적어놓은 부분에 있습니다.

1802년 10월 10일 하일리겐슈타트에서 나는 그대들에게, 슬프게도, 작별을 고하니, 아, 내가 이곳에 간직하고 온 사랑스런 희망은, 비록 어느 순간까지는 나를 치유해주었건만, 이제 완전히 나에게서 떠나간 게 분명하다네. 가을날 나뭇잎이 떨어져 버리듯 말이지. 그래서 이제 그 희망은 다 사라졌다네. 마치 내가 이곳에 처음에 왔을 때처럼 말이지. 나는 이제 가겠네. 나에게 종종 아름다운 여름날이면 간직되었던 용기조차도 이젠 사라져버렸거든. 오, 섭리여, 한때 나에게 순수한 하루의 기쁨을 내 앞에 선사해주던 것도 이제 오래된 날이 되었고, 내 안에 참된 기쁨이 울리던 것도 낯설게 되었으니. 오 신이시여, 언제, 도대체 언제 나는 자연의 신전에서 제대로 느낄 수 있을 것인가? 영원히 불가능한가? 안 되오, 그렇다면, 그건 너무 가혹하니.

_ '하일리겐슈타트의 유서'에서

이 유서에 실린 베토벤의 심정을 그 깊은 곳까지 이해하는 것은 사실 쉬운 일은 아닙니다. 말년까지 베토벤이 내어놓은 위대한 작품들과, 불굴의 의지로 절망에서 환희로 향해간 인물로서 전설이 된 그에 대한 고정관념으로 바라보면, 그 절망의 절실함보다는 위대한 인물이 극복한 잠시 스쳐가는 우울한 시기의 단편 정도로 여길 수도 있습니다. 그러나 이 유서는 깊이 음미할 가치가 있고, 이 유서를 통해 그 후 베토벤의 삶의 노정을 바라본다면 삶을 살아가는 데 큰 영감을 얻을 수 있습니다.

이 유서에서 우리는 베토벤이 스스로 삶을 포기하고픈 지경에 다다를 정도로 그 고통이 절절했다는 것을 보는 동시에 마치 구름 속에서 간간히 햇빛을 만나듯 삶의 기쁨에 대한 갈망과 생의 의지도 발견합니다. 이 유서는 절망에서 어쩔 수 없이 나오는 한숨만이 아니라, 절망의 바닥이 순간적으로 우리에게 열어 보이는 희망의 빛 역시 포착하고 있습니다. 베토벤의 생애가 주는 위로와 용기는 이 두 가지 체험이 함께하는 데서 흘러나온다고 생각합니다.

상실감과 이것이 변화되어 새로운 목적으로 나아가는 도약의 순간이 베토벤에게서는 끊임없이 나타납니다. 베토벤의 천재성은 유일무이한 것이겠지만 절망의 순간이 인생의 의미를 깨닫는 계기라는 것을 이해하고 자신의 삶에 감사할 수 있는 힘은 모든 이의 삶에서 결정적인 요소입니다. 베토벤의 예술이 많은 이들에게, 특히 절망이 무엇인지를 아는 이들에게 더욱 감동적인 것은 그가 살아낸 삶 때문일 것입니다. 조각상에 보이는 베토벤의 모습에는 고난과 싸우는 의지가 하늘에 닿을 듯 압도적으로 드러나 있습니다. 그러나 사실, 그러한 불굴의 의지는 수많은 좌절과 실패와 죽음 직전까지 내몰리게 했던 절망에서부터 길어낸 것이라는 것을 잊어서는 안 됩니다.

'하일리겐슈타트의 유서'는 절망의 기록이자 동시에 깊은 절망을 응시한 사람이 포기하지 않고 걸어가고자 결심하는 '출사표'이기도 합니다. 행동을 통해 삶의 짐을 감당하겠다는, 신이 부여한 소명을 깊이 자각하며 희망과 광명을 향해 한 발씩 걸어간 베토벤 인생 후반기의 시작입니다. 여기에는 죽음 바로 앞까지 밀고 온 절망 앞에서 감상에 휩싸여 굴복하지 않고 실재로서 대면하면서 동시에 그 순간 길을 찾은 자기 치유의 의지가 투영되어 있습니다.

삶은 계속된다

베토벤이 하일리겐슈타트에서 보낸 날들을 길잡이로, 그 이후의 생애와 작품을 살펴보면 인간의 삶 속 고통의 의미에 대해 많은 것을 생각하게 됩니다.

우리 각자는 인생 내내 '동반'하는 나름의 커다란 고통이 있습니다. 때로는 그러한 고통이 곧 사라질 것 같은 희망이 보일 때도 있어 회복의 가능성에 용기를 가집니다. 베토벤에게는 하일리겐슈타트에서 살던 초기의 시기가 청력장애와 우울함을 이겨낼 수 있으리란 희망에 찼던 시기였던 것 같습니다. 회복의 가능성이 비칩니다. 그가 하일리겐슈타트를 찾은 초기에 작곡한 빛나는 착상들이 가득한 그의 걸작 피아노 소나타인 작품번호 31의 2, '폭풍'이 그러한 회복의 흔적을 증언합니다.

그러나 다시금 이러한 작은 희망이 헛되고 부질없다는 우울함으로 깊이 빠져들게 되는 순간들이 찾아옵니다. 이러한 순간들이 쌓이고 쌓일 때 우리는 결정적이 될 수 있는 절망에 다가섭니다. '하일리겐슈타트의 유서'는 이러한 절망의 시간에 대한 기록일 것입니다. 인간의 삶에서 가장 중요한 갈림길은 이러한 절망에서 자기 자신을 포기하지 않는 것이고, 어떻게 하든 그 위기에서 인내를 가지고 천천히 벗어나려는 노력을 지속하는 것입니다. 의지를 통해, 벗들의 사랑을 통해, 자연의 위로를 통해, 신앙을 통해 힘과 용기를 얻어 긴 터널에서 주저앉는 대신에 멀리 빛이 보일 때까지 걸어야 합니다. 베토벤은 그러한 인생의 과업에 대한 불멸의 모범을 보여주고 있습니다.

절망에서 벗어나는 것은 때로는 자신의 운명과 싸우는 용기가 필요할지도 모릅니다. 베토벤의 위대한 5번 교향곡에 '운명'이라는 별칭이 붙은 것은, 베토벤의 삶의 자세를 본다면 어느 정도 이해할 만합니다. 베토벤은 친구에게 자신이 겪는 어려움에 대한 각오를 전하면서 다음과 같이 말했다고 전해집니다.

"나는 운명의 목을 꽉 움켜쥐겠어. 녀석은 절대로 굽히지 않고 나를 완전히 짓밟고야 말 테니까."

베토벤 전문가인 음악학자 루이스 록우드는 5번 교향곡의 그 유명한 도입부가 이러한 의지의 음악적 표현으로써 인간이라는 존재의 연약함에 저항하는 베토벤의 몸짓이라 평가하고 있습니다.(《베토벤 심포니》장호연 옮김, 바다출판사, 2019, P.156-157 참조.)

베토벤이 절망의 그 끝까지 닿은 후 음악에 새로운 길을 열고 놀라운 음악적, 정신적 위대함을 보여준 작품이 그가 하일리겐슈타트를 떠날 무렵 구체화되기 시작한 3번 교향곡 '에로이카(영웅)'입니다. 시대를 뛰어넘는 베토벤의 진정한 위대함이 드디어 본모습을 드러낸 기념비적 작품입니다.

잘 알려진 일화에 따르면 그는 이 작품을 나폴레옹 보나파르트에게 헌정하는 대신에 '한 위인의 추억을 기리며'라는 부제를 남겨 놓습니다. 이에 대한 여러 해석과 연구들이 있습니다만, 베토벤을 통해 위로와 용기를 얻고자 하는 사람에게 그 위인이라는 표현을 고통과 고뇌를 견뎌 삶의 의지를 잃지 않고 끝까지 자신에게 주어진 생의 길을 걷는 모든 이들에게 주어지는 영예로운 칭호로 받아들여도 좋을 것 같습니다.

'에로이카' 교향곡 2악장은 '장송 행진곡(Marcia funebre - Adagio

assai)'입니다. 이는 '위인'의 죽음을 추도하는 의미를 가지는데 그저 슬픔만이 아니라 위로를 주는 곡이기도 합니다. 추도한다는 것은 죽음에 이르기까지 그 위인이 걸어온 길이 영예로운 것이고 고귀한 것이라는 사실을 드러냅니다. 그리고 이어지는 악장을 통해 이 추도는 절망에서 끝나는 것이 아니라 '부활'을 기다리는 순간이기도 합니다. 무기력과 우울함 속에서 거듭되는 불운과 시련에 지쳐가면서 점점 절망이라는 '마지막 말'이 떠오르는 어려운 시기를 겪는 이들에게 '장송 행진곡'은 지금의 분투가 헛된 것이 아니며 또한 회복과 재생의 희망은 여전히 존재한다는 것을 증언합니다.

우리가 절망의 터널을 빠져나오고 삶의 의미를 체험한다 하더라도 우리가 짊어진 고통과 어려움이 사라지는 것은 아닙니다. 극복했다 싶은 삶의 어려움들이 주기적으로 되돌아오기도 합니다. 베토벤 역시 그랬습니다. 하일리겐슈타트를 떠나서 다시 빈으로 돌아온 후에 숱한 걸작들을 내놓으면서 음악적 경력의 절정기에 들어선 시기에도 지속적으로 고통을 겪고 있었다는 사실을 그의 가장 친한 벗이라 할 수 있는 프란츠 베겔러에게 보낸, 자주 인용되는 다음 편지 내용에서 확인할 수 있습니다.

지난 2년간 나에게 고요하고 조용한 삶은 끝났다네. 나는 떠밀려서 세속적 삶으로 끌려 들어갔으니까. 하지만 그 결실은 없고 아마 오히려 그 반대인 듯하네. 하지만 저 밖에서부터 휘도는 폭풍에 누군들 영향을 받지 않을 수 있겠는가? 하지만 만일 악마가 내 귀속에 둥지를 틀고 앉지만 않았다면, 이 모든 것에도 불구하고 나는 세상에서 가장 행복한 사람이었을 것을. 내가 어디선가 사람이란 모름지기 여전히 무엇인가 좋은 일을 하며 살 수 있다면, 절대로 스스로 이 생애와 작별해서는 안 된다는 글을 읽지 않았다면, 나는 아마 더 이상 이렇게 존재하고 있지 않을 거야. 그것도 내 스스로 말이지. 오, 삶은 얼마나 아름다운지, 하지만 나에게 있어 인생은 언제나 독으로 물들어 있다네.

_ 1810년 5월, 프란츠 베겔러에게 보낸 편지

베토벤의 삶에는 끝까지 고통이 함께했습니다. 그러나 그는 끊임없이 견뎌내고 맞서고 무엇보다도 예술적 영감으로 승화했습니다. 후기 피아노 소나타, 후기 현악 사중주곡, 9번 교향곡, '장엄미사' 같은 표현하기 어려울 정도로 심오하고 숭고하며 화해와 용서를 담은 음악들은 고통과 함께 걸어온 그의 삶이 남긴 열매입니다.

　베토벤의 생애와 음악을 통해 무엇보다도 '삶은 계속된다'라는 인생의 진리를 배웁니다. 삶이 계속되는 한 우리의 노력도 계속되어야 한다는 것, 그것이 참된 행복의 길이라는 것을 생각합니다.

이 글을 쓰면서 베토벤의 3번과 5번 교향곡을 오랜만에 원 없이 들었습니다. 거의 모든 위대한 지휘자들이 이 곡들에 대한 뛰어난 연주를 남겨놓고 있습니다. 그중에서도 전설적 지휘자들인 빌헬름 푸르트벵글러와 오토 클렘페러, 그리고 아르투로 토스카니니를 먼저 꼽게 됩니다. 오랜만에 이 명지휘자들의 연주가 담긴 음반을 내내 듣는 것은 행복한 체험이었습니다. 우울과 절망의 시대에 명지휘자들이 전해주는 베토벤의 혼이 마음을 위로해주고 힘을 북돋아 줍니다.

베토벤의 도시, 하일리겐슈타트에서

카이로스의 철학과 슈베르트

'포스트 코로나 시대'와 달라진 삶

신종 코로나 바이러스가 전 세계적으로 유행하면서 삶에 큰 영향을 미치고 있습니다. 백신이 나오고 치료제가 개발된다 해도 예전과 같은 시대로 돌아갈 수 없다는 것이 분명해 보입니다. '포스트 코로나 시대'라는 용어가 이제는 어색하지 않습니다. 이 말은 코로나가 끝난 이후를 의미하는 것이 아니라 코로나 팬데믹의 한복판에 있는 지금 이미 다른 시대가 시작되었음을 선언하는 것이라고 생각합니다.

　달라진 시대는 우리에게 많은 변화를 요구합니다. 달라진 시대에 어울리는 '시대 정신'을 알아보고 그에 따라 살아갈 수 있는가가 중요한 도전이 됩니다. 외적인 행동만이 아니라 습성과 품성, 일상의 태도에 대해서도 근본적으로 살피고 묻고 고민해야 할 때가 왔습니다. 지금까지 잘 되던 방식이 더 이상 통하지 않는 힘겨운 경험을 하게 됩니다. 진정 나의 존재에 뿌리내리지 않았다면 우리가 끄덕였던 여러 윤리적 기준들이 속절없이 흔들리고 무력하게 느껴질 것입니다.

애써 올바름을 추구하기보다는 자기 보존의 본능과 즉각적인 감정적 반응으로 퇴행하는 모습도 자주 보입니다. 우리 모두에게 어렵고 힘든 시간이 지속되고 있는데, 이는 그저 일시적인 일상생활의 불편함이나 감염에 대한 걱정만으로 그치는 것이 아니라 문명의 미래 전체에 대한 위기감으로 이어집니다.

그러나 이러한 불안, 걱정, 위기감이 꼭 부정적인 것만은 아닙니다. 위기는 질문을 낳고 그 질문에 진지하게 대면하고 응답하면 '언제나 그랬듯이' 길을 찾아내게 된다는 것을, 우리는 압니다. 서양 문명의 뿌리인 고대 그리스 문화에서 '위기'라는 단어가 바라보고 판단하는 행위에서 나왔으며, '재난'은 동시에 '거대한 변혁'을 암시한다는 것을 기억합니다. '위기는 기회다'라는 때로는 진부한 설교로 들리는 격언을 진지하게 대해야 할 때라고 생각합니다.

'위기의 시대'는 개인과 공동체에 방향에 대한 고민을 하게 합니다. 인생이라는 긴 전망에서든, 지금 당장의 상황에서든 삶을 이끌어가는 방향과 방식과 능력에 대해 깊이 질문을 던지게 됩니다. 우리는 어디로 가야 하는가, 어떻게 살아야 하는가? 삶의 근본적 의미는 무엇인가? 우리는 어떤 선택을 해야 하는가? 인류는 이 어려움과 싸우면서 과연 지속 가능한 삶의 방식을 배울 수 있을까?

변화의 요구에 당황하거나 도피하거나 분노하기보다는 살피고 숙고하고 작은 일부터 실천하는 것이 중요합니다. 미래의 준비는 나를 소리 없이 사로잡고 있었던 선입관과 관성에서 벗어나는 것에서 시작되어야 합니다. 우리의 인생을 이끌고 기초가 되는 것은 환상이나 절제 없는 욕망이 아니라 올바른 가치와 건강한 자기애, 현실에 대한 인식이어야 할 것입니다. 소문이나 고정관념, 관습, 타인의 기대 등에 휘둘리는 대신 분명한 자기 판단과 가치관을 가질 때, 비로소 행복하고 충만한 인생을 살아갈 수 있다는 것이 포스트 코로나 시대에는 더 분명하게 드러날 것입니다.

이를 다른 말로 표현하자면 '현명하게' 살아가는 것입니다. 포스트 코로나 시대는 현명함이라는 삶의 지혜를 모두에게 요구하고 있습니다. 현명함은 시대나 지역에 상관없이 인간 문명 안에서 공통적으로 높이 평가하는 덕목이자 으뜸가는 삶의 지혜로 꼽힙니다.

철학은 현명함이 무엇인지 캐묻습니다. 특히 서양의 고대 철학은 명료한 이해와 실천적 측면을 아우르며 현명함에 대해 깊이 숙고하고 연구했는데, 그중에서도 아테네를 중심으로 활동한 아리스토텔레스(기원전 384-기원전 322)는 소크라테스와 플라톤의 전통을 발전시키면서도 오늘날까지도 가장 탁월하게 '현명함'을 밝혀주고 있는 철학자로 꼽힙니다. 포스트 코로나 시대에 아리스토텔레스의 '현명함'에 대한 가르침에 귀 기울이는 이유입니다.

아리스토텔레스와 현명함의 지혜

아리스토텔레스는 그의 저서《니코마코스 윤리학》과《에우데모스 윤리학》에서 현명함에 대해 독립된 주제로 다루고 있고《정치학》,《수사학》,《형이상학》에서도 곱씹을 만한 중요한 언급들이 등장합니다. 현명함에 해당하는 아리스토텔레스의 개념은 '프로네시스 phrone-sis'라는 그리스어입니다. 오늘날 현대어에서는 현명함, 실천적 지식, 삶의 지혜, 슬기, 사려 깊음 등 다양하게 옮기고 있습니다.

르네상스 시대 이후 특히 마키아벨리의 영향 아래, 정치철학에서 '프로네시스'적 현명함을 도덕성이나 윤리성과 분리해 노회하고 교활한 처세를 서슴지 않는 능란한 정치 행위로써 '정치이성'과 동일시한 역사가 있었습니다. 다행히 현대 철학에서 윤리학이 본격적으로 주목받으면서 우리는 철학적인 관조나 학문적 인식, 도덕성을 염두에 두지 않는 영리함과는 구분해, 진정한 의미에서 실천적 지성의 덕인 '현명함'에 대해 더 잘 이해하게 되었습니다.

20세기 후반 이후 윤리학과 정치철학에 있어 가장 중요한 흐름은 '아리스토텔레스 르네상스'라고 할 수 있으며 그 중심에는 '현명함'이라는 개념의 재발견이 있습니다.

아리스토텔레스의 현명함에 대한 성찰을 살펴보다 보면 지금같이 격동기에 어디에 삶의 방향을 두고 살아야 하며, 직업인 이전에 인격을 가진 한 인간으로서 가장 힘써야 하는 삶의 과업이 무엇인지를 깨닫게 됩니다. 우리는 구체적인 삶의 순간들에서 보다 섬세하고 지혜롭게, 필요한 일들과 할 수 있는 일들을 찾고 식별하고 선택하고 실천해야 합니다. 우리의 감정과 욕구를 더 잘 이해하고, 우리가 긍정하는 가치관들을 보다 더 성찰해 나의 품성 안에 통합시켜야 합니다. 유능하고 성공한 사람이 되고자 하는 것 이상으로 인격적이고 덕이 있는 사람이 되고자 애써야 하는 것이지요.

아리스토텔레스에 의하면 현명함은 우리의 인생 전체와 관련되어 있습니다. 현명함은 주어진 구체적 상황에서 올바른 선택을 위해 발휘되기에 철학적으로는 '실천이성 능력'으로 정의할 수 있습니다. 그런데 개별 사건들에서 합당한 선택을 하기 위해서는 세상과 인간에 대한 올바른 가치관이 결정적 역할을 합니다. 전체적 전망 아래서 볼 수 있어야만 눈앞의 이익이나 감정적 애착에서 벗어나 인생 전체를 위해 도움이 되는 선택을 할 수 있기 때문입니다. 아리스토텔레스는 덕과 행복에 대해 말하면서 이러한 '인생 전체'라는 전망을 중요하게 생각합니다. 윤리적 덕이 단순히 수동적인 습성이 아닌 것은 이러한 통찰과 전망을 요구하기 때문입니다.

도덕성은 그저 의무에 종속된 것이 아니라 사실은 인생에 대한 통합적이며 올바른 관점에 기초하고 있습니다. 그렇기에 '현명함'은 인생을 길게 볼 수 있는 시야입니다. 실패와 실수에서 배울 수 있는 덕입니다. 인생을 긴 안목에서 성공적으로 이끌기 위해서 무엇이 필요한지를 숙고하고 통찰할 수 있는 힘입니다. '현명한 사람'은 도덕성과 자신에게 유익한 것이 서로 충돌하는 것이 아니라 본질적으로 같다는 것을 볼 수 있습니다. 인간의 본성과 인생의 의미를 지식으로서만이 아니라 마음과 품성으로 온전히 이해한 사람입니다.

인생 전체를 전망할 수 있고 인간 본성에 대해 통찰할 수 있는 현명함을 지닌 사람이 추구하는 것은 무엇인지에 대해 아리스토텔레스는 명확하게 정의합니다. 즉 자신과 다른 사람을 위한 '좋음' 곧 '선'을 추구한다는 사실입니다. 현명함은 근본적으로 선을 식별하고 추구하는 능력입니다. 그런데 인간의 선은 자기 자신만이 아니라 타인과 관련되어 있습니다. 아리스토텔레스는 인간을 공동체적 본성을 지닌 존재로 규정하면서 '인간은 정치적 동물'이라는 정의를 남겼습니다. 이것은 인간의 덕과 행복 역시 공동체라는 원리에 근거한다는 것을 의미합니다.

현명함이 이끄는 삶은 '공동의 선'을 추구하는 삶입니다. 아리스토텔레스는 윤리적 덕을 탐구하는 자리에서 먼저 자기 자신에 관련되는 덕들에 대해 말합니다. 이어서 자기 자신만이 아닌 '타인의 선'을 돌보는 '정의'야 말로 가장 아름답고 고귀한 덕이라고 강조합니다. 또 다른 곳에서는 '우애'야말로 인간의 행복을 완전하게 해주며 다른 사람과 자기 자신의 선을 돌보며 서로 아끼고 사랑하는 감정이 적절하고 완전하게 조화를 이룬 덕이라고 칭송합니다.

정의와 우애는 덕이 인간의 공동체적 본성에 뿌리내리고 있다는 것을 보여줍니다. 현명하게 산다는 것은, 자기 자신에 대한 배려와 함께 타인과 공동체에 대한 헌신과 돌봄에 힘쓰고 거기에서 기쁨과 보람을 발견하는 하루하루가 쌓여가는 것을 의미합니다.

'카이로스의 철학', 불확실성과 함께 살아가기

아리스토텔레스가 논하는 현명함을 살펴볼 때 종종 간과되는 중요한 요점이 있습니다. 현명함이 '때'와 연관되는 덕이라는 사실입니다. 현대의 철학자들은 아리스토텔레스의 윤리학에 대해 다양한 접근을 하고 있고, 현명함에 대해서도 참신한 이해를 끊임없이 시도합니다. 그중에서 독일 철학자 마르틴 하이데거는 현명함이 함축하는 '시간성'에 대해 초점을 맞추었고 이러한 통찰을 여러 철학자들이 이어받고 발전시키고 있습니다. '실존적 아리스토텔레스 해석'이라고 말할 수 있을 것입니다.

신약성서에도 나오는 구분이기도 한데 그리스어에서 시간은 두 가지 다른 개념이 있습니다. 하나는 '크로노스chronos'입니다. 이는 양적 시간, 측정할 수 있는 시간, 연대기적 시간입니다. 기간, 세월 이런 말들은 다 크로노스에 뿌리를 두는 말입니다. 반면에 '카이로스kairos'라는 단어가 있습니다. '때'라는 의미입니다. 성서에서는 다가오는 사건을 함축하는 시간이자 결정적인 계기, 계시 사건의 자리로서 사용하는 개념이지요.

아리스토텔레스적 현명함은 '카이로스의 철학'이라고 할 수 있습니다. 그리고 구약성서의 지혜문학에 속하는 '코헬렛'에 나오는 아래의 유명한 구절을 기억할 필요가 있습니다.

하늘 아래

모든 것에는 시기가 있고

모든 일에는 때가 있다.

태어날 때가 있고

죽을 때가 있으며

심을 때가 있고 심긴 것을 뽑을 때가 있다.

죽일 때가 있고

고칠 때가 있으며

부술 때가 있고

지을 때가 있다

울 때가 있고

웃을 때가 있으며

슬퍼할 때가 있고

기뻐 뛸 때가 있다.

_ 코헬렛 3, 1-4

현명함을 위하여 '때'가 중요한 것은, 현명함이 다름 아니라 구체적 상황에서 잘 선택하고 결단하게 하는 덕이기 때문입니다. 상황에서의 선택은 지금, 여기에서 일어나는 것이고 그 '때'를 놓치지 않는 것이 중요합니다. 아리스토텔레스는 선택의 '상황'이 가지는 다양한 요소들 속에서 적절한 행위를 선택하기 위해 고려해야 하는 여러 질문들을 통칭해서 '카이로스'란 단어를 사용하기도 합니다.

현명함이 '때'를 지향한다는 것은, 이것이 책으로 배울 수 있는 추상적인 앎이 아니라 구체적이며 현실적으로 결실을 내는 지혜이자 힘이고 전인적인 앎이라는 것을 알려줍니다. 이러한 사실을 철학적으로 살펴보면, 인간 행위와 실천에는 우연성을 '본래적'으로 포함한다는 결론을 내리게 됩니다.

아리스토텔레스는 현명함에 대해 논의하면서 현명함이 대상으로 삼는 '실천의 영역'이 지닌 특징을 공들여 설명합니다. 이는 신적 영원함의 세계나 학문이 대상으로 삼는 엄밀한 법칙의 세계가 아닙니다. 실천의 영역은 필연의 세계가 아니라 언제나 변화, 생성, 소멸을 전제로 하는 우연의 세계입니다. 우연성에서 자유롭지 못하고 때를 살펴야 하는 것은 인간의 기본 조건입니다.

실천은 인간의 가장 근본적인 활동입니다. 실천에서는 '때'가 중요합니다. 지금, 여기서 무엇을 하는가가 중요합니다. 계획이나 기획이 어긋나거나 생각지 않은 난관이 생기고 예기치 않은 변수가 등장할 수 있다는 것은 실천의 영역에서는 예외적인 것이 아니라 당연한

카이로스의 철학과 슈베르트

것입니다. 그래서 아리스토텔레스는 인간의 행위와 실천은 필연성과 법칙이 아니라 느슨한 '개연성'의 관점에서 접근해야 한다고 강조하고, 훌륭한 행위를 탐구하고 그것을 수행하도록 돕는 윤리학은 필연성과 엄밀함을 추구하는 대신에 일상의 삶과 마찬가지로 '예외'들을 늘 인정해야 한다고 조언합니다.

이것은 윤리적 원칙이나 실천적 영역에 진리가 있다는 것을 부정하는 것이 아니라 그 개별 사례들과 사람들에 따라 서로 다른 측면들을 잘 살펴보라는 의미입니다. 그렇기에 현명함은 근본적으로 다수성과 개별적 차이들에 주목할 수 있는 능력입니다. 섣불리 절대적 진리를 내세우려 하지 않는 신중한 태도여야 합니다.

현명함이 '때'를 숙고한다는 것은 지금, 여기의 주어진 사태에서 행위자가 '할 수 있는 것'에 집중한다는 것입니다. 아리스토텔레스는 현명함의 덕이 작용하는 실천의 영역을 '변할 수 있는' 우연성의 세계이자 동시에 '우리가' 변화시킬 수 있는 가능성의 세계로 규정했습니다. 우연성과 가능성이 삶에 존재한다는 것을 받아들이는 사람이야말로 '때'를 알고, '때'에 어울리게 행하는 사람입니다.

현명함은 우리에게 '때'를 식별하고 응답하게 합니다. '때'를 안다는 것은 다르게 표현하면 '불확실성'을 긍정하는 것입니다. 다른 지성의 능력들은 본성상 불확실성과 배치됩니다. 이론과 기술은 불확실성이 없는 법칙과 알고리즘의 세계를 정상적 상황으로 상정합

철학자의 음악서재, C#

니다. 하지만 실천과 행위는 불확실성의 세계 안에서 행해집니다.

현명함은 불확실성을 사유할 수 있고, 받아 안을 수 있고, 함께 살아갈 수 있어야 합니다. 아리스토텔레스는 현명함의 덕을 바다를 항해하는 돛단배의 '조타수'에 비유합니다. 매번 달라지는 바람의 방향과 조수의 흐름에 따라 적절하게 응수하면서 끝까지 항해를 안전하게 이끌어가는 것이 현명함이 이끄는 삶입니다. 삶을 우리의 계획에 끼워 맞추려는 헛된 노력 대신에 변화가 요구하는 순간에 유연하게 응답하는 것이 현명함의 덕입니다.

그런데 사실 이러한 '때'의 인식은 다른 한편으로는 영원한 이치에 대한 암묵적인 통찰에 기초합니다. 현명함은 주어진 현 상황에서 적절한 선택지를 찾는 것이기도 하지만 동시에 인생 전체에 대한 올바른 통찰이기도 하다는 것이 아리스토텔레스의 확신입니다. 우연성의 세계에서 도식적인 적용이 아니라 인생 경험과 도야를 통해 형성된 인격으로 인생의 참된 가치를 구체적 삶의 순간마다 녹여내고 매개할 수 있는 것이 현명함의 본질입니다.

세상의 흐름과 시대의 표징에 주목하면서 '때'를 아는 사람이 되어야 합니다. 변화와 불확실성을 두려움과 거부감으로 대하기보다는 우리 삶의 본질로 받아들이고 나의 삶을 충만하게 실현하도록 이끄는 도전으로써, 긍정적으로 바라볼 필요가 있습니다.

'극단의 시대'에 자신을 지키는 지혜

아리스토텔레스가 말하는 현명함의 지혜는 불확실성과 제한성이 두드러지는 지금의 세상에서 우리에게 소중한 안내자가 됩니다. 그리고 여기에 더해서 편향된 여론이나 과장된 정보에 흔들리지 않고, 무분별하고 이기적인 자기 보호의 경향이나 혐오, 맹목적인 증오의 발산에 빠져들지 않게 합니다. 현명함은 '극단의 시대'에 자신을 지키는 지혜입니다.

아리스토텔레스가 현명함의 열매를 매 순간 갈등의 상황에서 전체를 아우르는 '중용'적 태도와 선택으로 정의한 것은 의미심장합니다. 중용은 게으른 타협이나 생각과 열정이 없는 권태가 아닙니다. 오히려 책임감을 가지고 심사숙고해 가장 적절한 길과 가능한 가장 좋은 방법을 끈기 있게 탐색하는 자세입니다. 이를 위해서는 숙고하고 헤아리는 '성찰의 힘'이 필요합니다. 무엇보다 자기 자신을 성찰하는 것이 매우 중요합니다.

하지만 선입관이나 편견, 두려움과 욕심 등을 이겨내고 치우침 없이 실현 가능한 가장 적절한 선택을 하는 것은 매우 어려운 일입니다. 따져보고 정보를 취합하는 것만으로는 부족하지요. 그래서 아리스토텔레스는 중용의 길이 그 사람에게 '보여야' 한다고 표현하면서 통찰력을 강조합니다.

통찰력은 경험 안에서 인내로 배우고, 자기 자신을 도야해가는 사람 안에서 서서히 자라납니다. 중용의 길은 숙고와 통찰의 힘이 점점 더 커지도록 자기 자신을 돌보고 키우는 긴 여정입니다. 그리고 이는 자신의 삶에 대한 큰 애정과 열정을 필요로 합니다. 중용을 선택할 수 있는 사람이야말로 참으로 자기 자신과 자신의 인생을 사랑하는 사람인 것이지요.

우리가 사는 '극단의 시대'에 가장 손쉬운 선택은 그 흐름에 몸을 맡기고, 공들여 판단하는 대신에 큰 목소리에만 관심을 갖고 맹목적으로 따르는 것입니다. 그러기에 아리스토텔레스가 알려주고 있는 현명함에 따른 삶은, 포스트 코로나 시대에 점점 극단적이 되어가고 있는 우리 사회에서 매우 절박한 현실성을 가집니다.

코로나 바이러스의 여파로 제대로 영화 한 편 편안히 극장에서 보기 어려운 때입니다. 그래도 놓치기 싫어서 거의 손님이 없는 광주의 한 극장에서 챙겨본 영화가 다르덴 형제의 작년 작품인 〈소년 아메드〉입니다. 이슬람 극단주의가 한 소년의 삶을 어떻게 잠식하며, 거기에서 과연 어떻게 출구를 만들 수 있을까라는 무거운 주제를 다룹니다. 벨기에가 배경이어서 체감의 강도는 다르지만 종교적 극단주의만이 아니라 우리 사회 곳곳에서 보이는 여러 유형의 극단적 모습들에까지 연결해서 많은 생각을 하게 한 뛰어난 작품이었습니다.

부상을 입고 쓰러져 있는 소년을 보여주는 열린 결말로 영화는 끝이 납니다만, 마지막 크레디트가 올라가며 내내 흐르던 슈베르트의 음악이 다르덴 형제의 마음을 표현해주는 것이라고 생각했습니다. 음악은 극단적 태도가 가져오는 삶의 비극성에 대한 슬픔을 먹먹하게 노래하고 있었습니다. 그리고 극단의 시대에서 탈출구를 열수 있는 것은 인내와 끈기로 돌보고 어루만지는 눈과 손, 마음이라는 호소를 들을 수 있었습니다.

다르덴 형제는 그들의 걸작 〈자전거 탄 소년〉에서는 소년이 고통스럽게 새로 열어가는 인생의 길을 그의 뒷모습에 베토벤의 피아노 협주곡 5번 '황제'의 두 번째 악장을 얹어서 말없이 위로하고 응원했습니다. 〈소년 아메드〉에서는 프란츠 슈베르트의 유작이자 마지막 피아노 소나타 D. 960의 두 번째 악장인 '안단테 소스테누토'를 들려줍니다.

노래하듯 흐르며 마음을 저미는 아름답고 슬픈 곡조를 들으면 극단의 시대를 사는 수많은 사람들의 인생과 운명이 떠오릅니다. 영화에 사용된 이 곡의 녹음은 얼마 전 피아노 연주계에서는 은퇴하고 저술 활동과 시 낭송 활동만 하고 있는 대 피아니스트 알프레드 브렌델의 연주입니다.

사색과 교양의 피아니스트 브렌델은 슈베르트 연주자로 이름이 높습니다. 그에게 슈베르트의 이 마지막 소나타는 각별한 의미를 가졌던 것으로 보입니다. 그가 콘서트 피아니스트로서의 위대한 여정을 마감하고 저술과 강연에 전념하기 위해 은퇴한다고 발표한 후 피아니스트로서의 마지막 한 해 동안 여러 도시를 순회하며 '고별 연주회'를 열었을 때, 늘 그의 연주 프로그램에는 이 곡이 들어있었습니다. 브렌델은 그의 저서 《뮤직, 센스와 난센스》에서 이 곡에 대해 다음과 같이 말하고 있습니다.

> 슈베르트의 최후 세 소나타 가운데 B플랫 소나타 D.960은 우리 세기에 가장 강력한 주문을 걸었다. 그것을 가장 아름답고 감동적인 곡, 가장 절제되고 화성적으로 균형 잡힌 곡, 온화하게 우수적인 슈베르트라는 개념에 가장 명료하게 상응하는 곡이라 부를 수 있다. 첫 두 악장은 고별사처럼 들린다. 작별이 반드시 곧 닥쳐올 죽음의 얼굴을 하고 있을 필요는 없다.
>
> _ P.256-257 《뮤직, 센스와 난센스》 (김병화 옮김, 한스 미디어, 2017)

다르덴 형제가 암울한 미래 앞에선 영화 속 소년 아메드에게 들려주듯 크레디트를 위한 음악으로 이 곡을 선택한 마음을 생각하게 됩니다. 알프레드 브렌델의 담담하면서도 깊이 있는 연주로 슈베르트의 '작별 인사'를 들으며 극단의 시대 속에서 나를 지키는 지혜를 생각합니다.

카이로스의 철학과 슈베르트

니체와 어린아이

니체에 대한 오해의 역사

프리드리히 니체(1844-1900)는 자기 자신을 두고 "나는 다이너마이트이다《이 사람을 보라》"라고 칭하며 "어떻게 쇠망치를 들고 철학을 할 것인가《우상의 황혼》"라고 묻습니다. 이 강렬한 표현들은 사람들이 니체에 대해 가지는 인상에 완벽하게 부합합니다. 니체 하면 "신은 죽었다《즐거운 지식》"는 말이 떠오르듯이 니체는 모든 가치를 파괴하고 전도시킨 허무주의자, 공격적인 무신론자로 여겨집니다.

    니체만큼 일반인에게 많이 언급되는 철학자도 드물지만, 또한 니체처럼 여러 오해와 곡해에 참모습이 가려진 철학자도 별로 없을 것입니다. 니체 철학에 선입관을 갖게 한 책임은 그 자신에게도, 그리고 그의 시대에도 있습니다. 니체는 안정된 생활을 하며 차분히 사유를 가다듬고 학계에서 교류하는 철학 교수가 아니었습니다. 바젤에서의 문헌학 교수직을 포기한 후에는 자유 저술가로서 내내 파란만장한 인생 여정을 산 니체답게 그의 저술은 객관적인 지식의 전달과 논증을 추구하는 학술 논문이 아니라 폭포수 같은 시이며, 수수께끼 같은 잠언이자, 격정에 넘치는 광시곡을 닮았습니다.

니체는 평생 복잡하고 불안정한 심리 상태와 인간관계에서 어려움에 시달렸습니다. 격렬한 애증의 감정은 니체의 저술에도 영향을 미칩니다. 그는 종종 글의 진의를 일부러 불투명하게 만드는 듯이 보이기까지 합니다. 1889년 1월 3일, 토리노에서 그 유명한 정신적 붕괴 사건을 겪은 후, 죽을 때까지 10여 년 동안 일체의 저술 및 자신의 철학에 대해 변론을 할 수 없었기에 뒤늦게 그의 명성이 높아질수록 그의 철학에 대한 곡해 역시 점점 커집니다. 니체 철학의 파격적 내용과 문학에 가까운 글쓰기, 학계와의 반목 등이 겹쳐 독일 대학의 주요한 철학적 유파들이 그의 철학을 철저하게 무시한 것도 니체 철학의 전복적이고 비합리적인 요소들이 과도하게 주목받게 된 원인이었습니다.

　　니체에 대한 대중적 편견을 대표하는 개념이 '힘에의 의지'입니다. 니체는 쓰러지기 전까지 기존 철학의 관조적이며 초월적인 형이상학을 대신해 현실 세계의 무한한 긍정과 생물학적이고 진화론적인 생의 에너지를 중심에 놓는 새로운 철학 체계를 '힘에의 의지'라는 개념을 중심으로 정립하려고 노력했습니다. 그가 정신적 붕괴 이후 철학적 작업을 하는 것이 불가능해지면서 '힘에의 의지'라는 개념은 철학사적 배경과 니체 철학의 발전 과정에서 분리되어 사람들에게 언급되었습니다.

니체 사후 니체의 유고들이 《힘에의 의지(Der wille Zur Macht)》라는 제목으로 어머니와 그를 돌보던 여동생 엘리자베스에 의해 출간되었는데, 불행히도 반유대주의에 심취한 여동생은 니체의 유고를 정치적 선전에 이용될 만한 인종주의적 관점에서 왜곡했고, 이는 후에 히틀러가 지배하는 제3제국의 선동에 악용되었습니다. 전쟁 후 꽤 오랫동안 니체의 철학이 나치스의 무자비한 세계관을 뒷받침한 위험한 철학이라는 평판이 있었고, 이를 극복하고 사람들이 니체를 새롭게 보는 데에는 많은 시간이 소요되었습니다.

니체는 어쩌면 철학자들보다는 오히려 후대의 작가들과 예술가들에게 더 중요한 존재였는지도 모릅니다. 니코스 카잔차키스의 《희랍인 조르바》나 토마스 만의 《파우스트 박사》, 헤르만 헤세의 《데미안》 같은 작품들은 니체가 현대문학에 미치는 영향력을 잘 보여줍니다. 프로이트와 같은 초기 정신분석학자들에게도 니체는 감탄의 대상이었습니다. 20세기 초반의 문학과 예술에서만이 아니라 오늘날, 문화에서 가장 대중적인 파급력을 가지는 영상예술에서도 니체의 철학은 여전히 많은 영화 작가를 매혹하고 그들의 세계관에 큰 부분을 차지하고 있음을 자주 봅니다. 〈다크 나이트〉나 〈조커〉 같은 영화에서 니체를 떠올리는 것은 이상한 일이 아닐 것입니다.

니체 철학이 문학과 예술에 가지는 친화성은 니체가 원래 음악가가 되고자 했고 독일어 문체의 역사에 괴테 이후 가장 중요한 인물이 되고자 하는 포부를 숨기지 않은 것을 생각하면 이해가 됩니다. 그러나 니체의 저술이 가진 문학성은 그의 철학이 철학 연구자를 넘어서 많은 사람을 사로잡고 있는 반면 학계에서 오랫동안 본격적이고 분석적인 철학적 연구의 대상으로 인정받지 못한 이유가 되기도 합니다.

가장 큰 문제는 예술과 문학에 의해 해석된 니체의 철학이나, 문학적으로 형상화된 니체에 대한 인상이 니체와 그의 철학을 '신화화'하는 경향입니다. 활발하게 저술을 하던 시절에는 자신이 원한 만큼 학계 인정이나 대중적 인정, 출판에서 성공을 거두지 못했으나 그가 정신적, 신경증적 이유로 어머니와 여동생의 보살핌에 전적으로 의지해야 했던 마지막 10여 년의 세월 속에서 그는 신화적 인물이 되었고, 그의 책들은 수많은 사람들을 사로잡았습니다.

한때 사람들의 비웃음을 샀던 주저《차라투스트라는 이렇게 말했다》(정동호 옮김, 책세상, 2015)는 두 번의 세계 대전 사이에 어느덧 유럽의 젊은이들에게 가장 큰 영향을 주는 저서가 되었습니다. 그러면서 니체는 신화가 되었고 그만큼 그의 작품과 인물에 대한 객관적이고 엄밀한 문헌적 기본 연구와 그의 철학의 철학사적 의미에 대한 제대로 된 평가는 힘들었습니다.

1930년대 중반 이후 독일의 철학자 마르틴 하이데거가 프라이부르크 대학에서 한 강의와 자신의 저서에서 니체를 서양의 장구한 형이상학의 역사 안에서 중요한 기점으로 자리매김한 것은 그에 대한 본격적인 철학적 연구를 촉진시키는 계기가 되었습니다.

20세기 중반 이후 기존의 선입관을 비판적으로 교정하는 연구의 결실들이 축적되고, 이를 바탕으로 일반 독자를 위한 니체에 관한 믿을만한 저술들이 지속적으로 출간되고 있는 것은 매우 다행입니다. 도전할 마음이 있는 일반 독자를 위한 니체에 대한 훌륭한 저서들은 우리말로도 여러 권 번역되었습니다. 다른 어느 철학자보다도 니체의 철학은 그의 여정과 전기적 사건에 깊이 뿌리내리고 있고, 그의 생애를 이해하는 것은 그의 철학을 이해하는 것에 필수적입니다. 그래서 니체 철학에 대한 좋은 해설서는 동시에 그의 생애에 대한 흥미로운 전기이기도 합니다.

레지날드 J. 홀링데일이 쓴 《니체-그의 삶과 철학》(김기복·이원진 옮김, 북캠퍼스, 2017), 뤼디거 자프란스키의 《니체, 그의 사상의 전기》 (오윤희·육혜원 옮김, 꿈결, 2017), 데이비드 크렐과 도널드 베이츠의 《좋은 유럽인 니체》(박우정 옮김, 글항아리, 2014), 이 세 권의 책이 권할 만합니다.

사실 오늘날까지도 여전히 니체 철학의 전체적 체계나 그의 형이상학을 재구성하는 데에는 어려움도 많고, 이견도 많습니다. 하지만 니체 철학이 가지는 파괴적, 해체적 요소만이 아니라 긍정적이

니체와 어린아이

고 건설적인 측면들이 새롭게 조명되는 경향은 분명하고 반가운 일입니다. 일반 독자 입장에서 오늘날 니체를 다시 읽으려는 이유는 더 이상 그의 강한 종교 비판이나 철학사와 체계에 대한 전복적 시각, 그리고 당대 도덕에 대한 '반시대적 고찰'에 있지는 않을 것 같습니다.

니체 철학의 시의성은 복잡한 사회구조와 불투명한 미래에 시달리는 현대인들이 어떻게 자기 인식과 자기 치유의 길을 찾을 것인가 하는 질문을 던지게 하고 그 답을 추구하도록 용기를 주는 데 있습니다. 자기 치유는 먼저 자기 자신에 대한 환상을 깨는 데 있고, 그 환상은 많은 경우에 관계와 환경이 우리에게 지우는 기대에 기인합니다. 니체는 '너 자신이 되라'고 채근하는데, 이는 사실 자주 치유의 시작이 됩니다. 오늘날 여전히 니체가 사람들에게 영감을 주는 것은, 그의 철학이 우리가 삶을 살면서 만나고 싶어하는 '회복의 철학'의 가능성을 보여주기 때문일 것입니다.

니체와 그리스도교

니체의 철학을 '회복의 철학'으로 바라본다면 오랫동안 니체를 적대시한 그리스도교 철학과 신학이 니체의 철학에서 긍정적인 요소들을 찾고 있는 것에 그다지 놀라지 않을 것입니다.

니체를 무신론의 가공할 대표자로서가 아니라, 무신론이든 신앙적 실천이든 인습과 피상성이 특징이 되어버린 근대 세계와 시민 세계의 정신적 풍토와 종교성에 대한 강렬한 자극이자 비판으로 이해하는 주목할 만한 시도들이 20세기 중반 이후에 있었습니다. 이런 새로운 니체 해석을 널리 알린 중요한 인물이 독일의 걸출한 가톨릭 종교철학자인 오이겐 비저(1918-2014)입니다.

비저는 심리학, 종교사, 철학사, 문화에 풍부한 식견을 가진 인물입니다. 그는 니체 철학의 본문들을 철저히 연구하고 니체가 처했던 종교적, 사회적, 심리적 환경들을 고찰합니다. 그러면서 그리스도교를 탄핵하는 니체 철학 이면에 자리한 그리스도에 대한 갈망을 재구성하며 니체의 그리스도 관을 현대 신학의 관점에서 해석합니다.

언어철학적 관점들을 신학에 적용하는 작업에 일찍부터 힘을 기울인 그는 니체와 그리스도교의 대화에서도 니체가 사용하는 종교 비판적인 언사들을 새로운 관점으로 읽고 있습니다. 니체와 그리스도교의 관계를 다룬 하이델베르크 대학에서의 철학박사 논문 〈신은 죽었다. 니체의 그리스도교 사상의 해체(Gott ist tot. Nietzsches Destruktion des christlichen Bewußtseins)〉(1962) 이래 니체에 대한 새로운 해석은 수십 년에 걸친 그의 방대하고 폭넓은 종교철학과 신학 분야에 관한 학문적 연구와 일반인을 위한 강연 등에서 언제나 중요한 준거로 남아있습니다.

오이겐 비저는 니체 연구를 통해 종교의 본래 역할이지만 오늘날 뒤편으로 묻힌 '치유'의 측면을 새롭게 조명하는 가능성을 제시합니다. 비저의 니체 해석에 따르면, 니체의 그리스도교 비판은 '치유 기능'을 상실하고 제도와 체제와 관습에 동화되어 기존 문화의 구성물이 되어버린 당대의 그리스도교에 대한 어느 정도는 정당한 문제 제기이며, 종교가 인간의 '온전성'과 '건강함'에 봉사하는 본연의 모습을 찾도록 쇄신하는 계기가 될 수 있습니다. 니체는 사람들에게 온전하게 '살아있기를' 외쳤고, 복음서가 전하는 그리스도교의 본래 사명 역시 '생명'이기 때문입니다.

니체는 근대 문화의 인간소외와 익명성에 대한 비판가로, 치유와 생명력의 복원을 외쳤습니다. 오늘날 그리스도교 철학과 신학 역시 같은 고민을 하고 있습니다.

체코 출신의 주목받는 가톨릭 철학자 토마스 할리크(1948-) 신부 역시 니체의 철학을, 세속화된 사회에서 활기와 매력을 잃은 그리스도교가 사유와 실천의 힘을 얻기 위한 유용한 원천으로 평가합니다. 그는 니체 철학이 지향하는, 관료적 삶의 방식을 돌파하는 창조력, 새로운 시도를 감행하는 용기, 사회적으로 부여된 역할에 수동적이고 무비판적으로 머무는 것이 아니라 본연의 자기 자신이 되려고 하는 분투는 그리스도교가 이 시대에 가지는 사명과도 깊이 관련이 있다고 진단합니다.

회복의 철학

'회복의 철학'으로서 니체 철학은 기술과 자본과 관료주의가 아주 세세한 삶의 영역까지 지배하며, 사람들은 생기와 활력과 자발성을 잃어가고 있는 우리 시대에 절실합니다. '회복의 철학'은 거대한 체계와 담론에만 해당되는 것이 아니라, 각자의 고민과 좌절을 안고 사는 각 개인에게 역시 필요합니다. 최근에 출판된 존 캐그의 독특한 니체 해설서인《심연호텔의 철학자들》(전대호 옮김, 필로소픽, 2020)은 저자가 자신의 삶에서 어려움과 아픔에 대해 어떻게 니체의 철학을 길잡이로 삼아 '회복'의 길을 발견하게 되었는지를 실감나게 보여주고 있습니다.

니체는 건강함과 생명력과 회복을 철학의 중심적 주제로 삼은 아마도 최초의 철학자라 평가될 자격이 있지만, 그 자신은 매우 상처받기 쉬운 심성을 가졌으며 수많은 내적 분열과 관계에서의 파괴적 경향, 시대와의 불화를 겪으며 비극적 종말을 향해 걸어갔습니다. 그의 전기를 읽다 보면 짙은 연민의 마음을 갖게 됩니다. 앞서 언급한 토리노에서 그가 만난 정신적 붕괴 사건은 연약한 니체의 내면을 극적으로 보여줍니다.

1889년, 니체는 이탈리아 토리노의 카를로 알베르토 광장 길가에서 마부에게 채찍을 맞아 죽어가는 말을 끌어안고 연민으로 눈물을 흘리다 마침내 정신을 잃습니다. 그리고 이후 그는 10여 년 후 운명할 때까지 다시는 이러한 정신적 붕괴에서 회복되지 못합니다. 현존하는 예술영화의 대가인 헝가리의 벨라 타르는 니체의 이 결정적 비극 장면에서 영감을 받아 이를 모티브로 삼은 〈토리노의 말〉이라는 철학적인 영화를 내놓기도 했습니다.

니체가 지성적 논증과 도덕적 의무에 중심을 두는 철학의 전통을 신랄하게 비판하고 생을 찬미하는 디오니소스적 철학을 주장하며 '힘'을 형이상학적 원리에 두고자 했던 것은 어쩌면 스스로 온전성의 회복에 대한 깊은 갈망이 있었기 때문이 아니었을까 짐작해봅니다.

니체를 '회복의 철학'이라는 관점에서 본다면 《차라투스트라는 이렇게 말했다》에서 차라투스트라가 산 정상의 은거지에서 내려와 사람들에게 한 첫 번째 설교인 '세 가지 변화'에 나오는 어린아이는 이러한 추구의 정점이라 할 수 있습니다. 니체는 낙타, 사자, 어린아이라는 세 가지 단계의 인간상을 제시하는데, 어린아이는 창조의 참기쁨을 누리는 이상적인 인간의 모습입니다. 이 설교는 세 가지 변화가 무엇인지를 제시하면서 이어 차례로 각 단계의 본질을 말해 줍니다.

니체에 의하면 정신은 낙타에서 사자로, 그리고 사자에서 아이로 되어가는 발전의 길을 걸어야 합니다. 낙타는 무거운 짐을 지고 사막을 걷는 존재입니다. 이는 의무에 짓눌리면서도 그 의무에서 자긍심을 느끼는 실존의 상태를 말합니다. 이어 니체는 이러한 의무에 종속된 삶에서부터 그 의무를 거부하며 자유를 쟁취해 스스로 사막의 주인이 되는 사자의 단계를 말합니다. 사자는 '해야 한다'에 대한 거부이자, 자신이 하고자 하는 것을 '할 수 있다'라는 가능성의 존재입니다. 의무를 거부하고 자유를 쟁취하는 것은 투쟁이며, 그래서 사자는 폭력과 강탈로 특징 지울 수 있는 부정의 정신을 상징합니다.

그러나 인간의 진정한 생명력의 회복은 부정의 정신이 아니라 무한한 긍정 안에서만 일어나는 사건입니다. 이러한 긍정의 존재를 니체는 아이라고 말합니다. 사자가 다다를 수 없는 자유와 생명의 경지는 오직 아이의 놀이에서 발견됩니다. 니체는 이렇게 장엄하게 선언합니다.

아이는 순진무구요 망각이며, 새로운 시작, 놀이, 제 힘으로 돌아가는 바퀴이며 최초의 운동이자 신성한 긍정이다.
그렇다 형제들이여, 창조의 놀이를 위해서는 신성한 긍정이 필요하다. 정신은 이제 자기 자신의 의지를 의욕하며, 세계를 상실한 자는 자신의 세계를 획득하게 된다.

_ P.40-41《차라투스트라는 이렇게 말했다》

니체에게 어린아이란 일체의 규율과 한계에 사로잡히지 않는 삶의

니체와 어린아이

방식을 말합니다. 그것은 한편으로는 낙타로 상징되는 책임과 의무 안에서 어느덧 삶의 기쁨을 잃고 주체적으로 사는 법을 잊은 사람들과 대조됩니다. 나아가 이러한 낙타로서의 삶의 모습과 기존의 가치에 종속되는 것을 파괴와 부정을 통해 초극하는 사자의 단계도 넘어섭니다. 왜냐하면 사자는 포효하고 적과 싸워 이길 수는 있으되 어린아이의 거리낌 없는 기쁨과 자연스러운 생의 긍정이 없기 때문입니다. 니체는 어린아이라는 비유 안에 '회복의 철학'이라는 이상을 담고 있습니다.

어린아이처럼 되지 않으면

종교철학자 오이겐 비저 신부는 니체가 말하는 어린아이의 비유를 철학적, 신학적으로 성찰합니다. 그는 니체의 이러한 비유가 유명한 신약성서 마태오 복음 18장 1절 이하 내용을 고려한 그리스도교 문화 안에서 이해해야 하며, 동시에 니체가 어린아이를 통해 제시한 '회복의 철학'이 가진 한계 역시 이 복음을 명상하면서 숙고할 수 있다고 말합니다.

이 복음 구절에서 예수님은 하늘나라의 자격이 있는 '큰 사람'이 누구인가라고 묻는 제자들에게 어린아이와 같이 되지 않으면 하느님의 나라에 들어갈 수 없다고 선언하십니다. 이는 당시 사람들의 사고방식을 기준으로 보자면 그야말로 '가치의 전복'이고 그런 의미에서 니체는 오랫동안 사람들이 잊고 있었던 예수님의 놀라운 선언을 되살린 것이라 할 수 있습니다. 비저는 이 성서 구절에서 전해주는 어린아이와 《차라투스트라는 이렇게 말했다》의 '세 변화에 대하여'에 등장하는 어린아이를 함께 바라보며 종교철학적으로 회복과 치유의 길을 사유합니다.

니체는 어린아이를 통해 타자와 의무에 의해 규정되는 '타율적 인간'에서 탈피하는 것을 넘어서서, 자기 자신이 주인이 되기는 하지만 내적 평화가 아니라 타자와 끊임없는 투쟁 속에 있는 '자율적 인간' 역시 극복하는, 자족적이고 긍정적인 인간의 존재 방식을 그리고 있습니다. 이러한 단계에서 비로소 인간은 생의 충만을 체험하며 자기 자신과 화해를 이룰 수 있다는 것이지요. 온전함을 회복한 '건강한' 인간형이 어린아이에게 투영되어 있습니다.

유치함과 미숙함이라는 어린아이에 따라붙는 속성을 전복시키고 새로운 이상적 인간형으로 창조한 것은 니체의 큰 공헌이지만, 다른 한편으로는 그가 표상하는 '어린아이'에서 간과된 중요한 사실들도 있습니다. 진정한 '자기 자신이 되는 것'은 다른 존재에 의존하는 것을 전적으로 거부하는 자족적 존재가 되는 것만으로는 도달할 수 없는 이상이기 때문입니다. 오히려 비저는 의심 없이 타자에 자신을 전적으로 맡기는 다른 의미의 자기 초월이 요구된다고 지적합니다.

복음에 나오는 어린아이처럼 되라는 예수님의 권고는 신을 향한 조건 없는 신뢰라는 모험을 촉구합니다. 복음의 이러한 가르침은 사도 바오로의 편지에서 신학적으로 심화됩니다. 바오로는 신자들에게 '하느님의 자녀'가 되라고 권고하며, 그러한 자녀 됨이 주는 자유와 품위를 역설합니다.

신앙적, 종교적 차원이 아니더라도 자기 자신이 되어 건강한 존재로서 회복되는 것에는 자율적 주체가 되는 것만이 아니라 신뢰가 바탕이 되는 인간관계를 맺는 것이 필요합니다. 우리를 회복시켜주고 건강하게 하며 생명력을 주는 인간관계는 종속과 폭력의 상호의존이 아니라 자유로운 헌신과 우애와 사랑이 기반이 되어야 합니다.

니체의 통찰의 위대함과 한계를 생각하면서 역시 독일의 가톨릭 신학자로서 위에서 말한 마태오 복음서의 의미를 깊이 명상한 하인리히 슈패만의 저서 《어린이처럼 되지 않으면》(윤선아 옮김, 분도출판사, 1998)을 소개하고 싶습니다. 이 책을 통해 우리는 치유되고 회복된 존재로서 '어린아이'가 된다는 것이 무엇인지, 그 비밀들을 엿볼 수 있습니다. 그 중에서 다음과 같은 구절에 오래 머물게 됩니다.

어린이는 늘 새롭게 시작하는 인간의 모범이며 더 큰 삶의 초대를 향해 아무런 내적 방해를 받음이 없이, 믿는 가운데 자신을 여는 존재이다.

_ P.18 《어린이처럼 되지 않으면》

슈패만에 따르면 어린아이가 되는 것은 새로운 시작이라는 자유를 누리는 것이고, 동시에 '더 큰 존재'와 '인생의 신비'에 대한 개방을 의미합니다. 어린아이 같이 되라는 예수님의 말씀은 어린 시절로 회귀하는 것을 찬양하는, 세상모르는 낭만적인 도피가 아닙니다. 어른으로서 마땅히 받아 안아야 하는 생의 결단과 책임과 의무를 회피하는 미숙한 자기중심주의에 대한 변명도 될 수 없습니다. 오히려 어른이 되는 법을 배운 사람만이 참된 의미에서 어린아이처럼 되는 첫발을 디딜 수 있습니다. 진정한 어른은 자신의 존재 안에 짐으로서가 아니라 소명이자 보람으로서 인생의 사명을 통합하는 사람이기 때문입니다.

니체, 바그너 그리고 〈파르지팔〉

바그너 때문에 니체의 삶에 불운과 굴곡이 더해졌다고 평할 수도 있겠지만, 바그너는 니체에게 초창기부터 창조력을 자극한 중요한 원천이었습니다. 니체와 바그너의 관계는 니체 철학과 관련해서 음악학자와 니체 전문가들에게 중요한 연구 주제일 뿐 아니라 니체와 바그너에 관심을 가진 일반 독자나 음악애호가들에게도 흥미롭습니다. 그중에서도 바그너의 마지막 대작인 오페라 〈파르지팔Parsifal〉은 여러 면에서 다양하게 살펴볼 요소들이 있습니다.

이 작품은 니체와 바그너가 최종적으로 결별한 결정적 이유로 꼽힙니다. 먼저 바그너의 이 작품에 대한 니체의 평가입니다. 그는 중세의 기사 이야기와 성배의 전설에 기초해 바그너가 직접 극본을 쓴 이 작품이 그리스도교에 영합하는 것이며 니체가 심혈을 기울여 비판하고 전복하고자 했던 서양문화의 '퇴폐성'의 전형이라고 규정하고 있습니다. 니체가 말하는 '퇴폐성'은 일반적으로 생각하는 윤리적 타락을 의미하는 것이 아니라, 현실의 긍정과 생명력에 대한 향유를 가로막는 문화적 현상을 말합니다. 마르크스가 '소외'라는 개념을 사용해 정치, 경제학적으로 근대 사회를 비판했다면, 니체는 '퇴폐성'이라는 문화적 범주로 근대 세계의 위선성과 불모성을 진단했습니다.

그는 이미 바이로이트에서 바그너를 우상화하는 속물적인 문화계와 정치계 지도층의 모습에 혐오감을 표현하기도 했는데, 니체가 보기에 〈파르지팔〉은 신화와 종교적 상징을 아예 주제와 형식으로 삼아 '무대-신성-축전극'이라는 거창한 명칭을 붙인 '퇴폐성'의 정점이라고 보았습니다. 〈파르지팔〉은 초월과 대비해 지상적 삶을 평가절하하며 '금욕적' 세계를 찬양하는데, 이것은 그가 평생 투쟁한 대상이었습니다. 그는 바그너적 세계, 퇴폐적 세계에 대조되는 음악으로 지중해적 건강성을 대표하는 조르주 비제의 '카르멘'을 이상화하기도 합니다.

그러나 〈파르지팔〉에 대한 니체의 분노는 여러 가지 면에서 모호함이 있습니다. 후에 공개된 그의 유고를 통해 이 작품이 도달한 음악적 성취에 대해 니체가 탄복한 것을 발견할 수 있습니다. 또한 이러한 비판 자체가 그가 바그너를 중요하게 생각했다는 사실을 함축하는 것이기도 합니다. 니체는 신경쇠약이 파국으로 이끌어 모든 정신적 작업이 끝나게 되는 토리노의 사건 그 바로 전 해인 1888년에 여섯 편의 작품을 쏟아내면서 마지막 사유와 창작의 불꽃을 보여줬는데, 그 중에 두 편의 글이 '바그너의 경우'와 '니체와 바그너'입니다. 이 사실 역시 바그너에 대한 사유가 지속적으로 니체의 철학에 중요한 부분이었다는 추측을 하게 합니다. 이 두 편 글의 우리말 번역은 《바그너의 경우/우상의 황혼/안티크리스트/이 사람을 보라/디오니소스 송가/니체 대 바그너(니체전집 15)》(백승영 옮김, 책세상, 2002)에서 볼 수 있습니다.

한편 바그너가 〈파르지팔〉에서 과연 무엇을 말하려 했던가 하는 것역시 모호함이 많아서 오늘날까지 논란이 되고 있습니다. 〈파르지팔〉에서 가장 중요한 주제는 '구원'이지만 바그너가 구원의 본질에 대해 어떻게 생각했는지는 분명하지 않습니다. 거대한 4부작 악극인 〈니벨룽겐의 반지〉는 북구와 게르만의 신화라는 배경에도 불구하고 바그너가 젊은 시절부터 심취한 혁명 사상과 정치, 경제적 비판의 흔적을 볼 수 있습니다. 그러나 〈파르지팔〉은 〈니벨룽겐의 반지〉의 중층적인 신화적 구조나 그의 또 다른 오페라인 〈트리스탄과

니체와 어린아이

이졸데〉에 나타난 관능성과 탐미주의와는 아주 다른 세계에 있으며 '종교성' 자체가 주제로 나타나 있습니다.

이에 대해 현대 가톨릭 신학을 대표하는 인물이자 음악에 깊은 조예를 가지고 위대한 음악가들의 종교성에 대해 꾸준히 탐구해온 스위스의 한스 큉 신부의 저서 《음악과 종교》(이기숙 옮김, 포노, 2017)에서 '바그너'에 관한 장들이 좋은 안내가 되고 있습니다. 한스 큉은 바그너의 대표작인 악극 〈니벨룽겐의 반지〉의 마지막 부분인 '신들의 황혼'과 〈파르지팔〉을 비교하고, 여러 면에서 모순적 성격과 삶의 궤적을 보인 바그너의 생애와 당대의 시대상, 신학적 함의 등을 종합해서 〈파르지팔〉의 '종교성'에 대해 접근하고 있습니다.

한스 큉 신부는 '신들의 황혼'에서 신화를 통해 표현된 돈과 권력과 욕망의 세계가 절멸되었을 때 인류의 구원은 어디에 있는지를 진지하게 묻는 작품이 바로 바그너의 〈파르지팔〉이라고 평가합니다. 그리고 범신론적인 독일 지성인들의 전통 안에서 '신성'을 향하며, 고통을 겪는 사람에 대한 연민과 자기 이익을 포기하는 사랑이 자기 중심주의의 욕망을 이기는 곳에 구원의 희망이 있다는 것을 〈파르지팔〉에서 보여주고 있다고 이야기합니다.

〈파르지팔〉의 연주에는 역사상 최고의 바그너 지휘자라고 인정받는 한스 크나퍼츠부쉬의 전곡 녹음이 세 가지가 있습니다. 아울러 여러 거장들이 이 신비스러우면서도 모순적인 작품에 도전하고 있습니

철학자의 음악서재, C#

다. 〈파르지팔〉에 대한 또 다른 불멸의 녹음으로는 크나퍼츠부쉬의 부지휘자를 역임하기도 했던 영국의 지휘자 레지날드 구달이 1971년에 유서 깊은 영국의 런던 코벤트 가든의 로열 오페라 하우스에서 공연한 실황이 있습니다. 한동안 음반으로 구하기가 힘들었는데, 최근에 1950년대부터 1990년대까지의 로열 오페라의 실황 명반들을 서른 두 장의 CD로 모은 염가 세트가 출반되었고, 그 안에 구달이 지휘한 〈파르지팔〉도 수록되어서 큰 기쁨이 되었습니다.

바그너의 오페라는 진입 장벽이 높은 것으로 잘 알려져 있습니다. 또한 감상자의 기호에 따라 '바그네리안'이라 불리는 거의 종교적 열광을 보이는 사람들부터 심지어 혐오의 감정을 가진 사람들까지 다양한 반응을 불러일으킵니다. 그러나 바그너의 서곡들에 대해선 대부분 친화력을 느낍니다.

〈파르지팔〉의 가장 유명한 '성 금요일의 음악'을 비롯한 주요 장면의 관현악 연주를 들을 수 있는 클라우디오 아바도가 베를린 필하모니커와 함께 연주해 남긴 녹음은, 그런 의미에서 음악으로서 〈파르지팔〉에 접근하는 좋은 시작이 되리라 생각합니다.

니체와 어린아이

노래가 시대를 위로할 수 있다면

그녀의 마지막 만찬

흉흉한 시대입니다. '먼 북소리' 같았던 생태계 위기가 이제 발등의 불이 되었습니다. 올 여름만 찾아온 이상 기후가 아니고, 잠시 버티면 되는 기후 위기도 아니며, 불가역적일 수 있는 기후 변화라는 비관적 진단이 이제는 설득력을 얻고 있습니다.

올해 우리들의 일상을 송두리째 뒤집어놓은 신종 코로나라는 역병 역시 끝없이 폭주하던 자본의 욕망과 자연 파괴의 결과라는 것을 알아갑니다. 어쩌면 문명사적 위기의 시대로 접어드는 것일지도 모르는 순간이지만, 우리 사회 안에는 서로 협력하고 이해하는 움직임보다는 갈등과 증오를 더하는 정쟁과 선정적 기사들이 더 힘을 얻는 것 같아 안타깝습니다.

우리 사회의 종교 역시 이러한 시대에 위로와 치유, 용서와 포용의 길을 체현하기보다는 일반 사회 못지않은 폭력성과 이기심, 자기 중심주의와 관료주의적 무관심에 젖어있는 것을 느낄 때면 사회의 병이 깊다는 것을 실감합니다. 그래도 한 발씩 걸어가며, 한 뼘씩이라도 나아지도록 애쓰는 것이 이 시대를 사는 시민들의 몫이라 생각하며 기운을 내고자 합니다.

가을과 겨울에는 세상이 달라지기를 희망합니다. 이런 바람이 얼마나 채워질지 잘 모르겠습니다만, 적어도 나부터 무기력하게 세상 탓과 남 탓을 하는 관성에서 벗어나 새롭게 바라보고 정말 중요한 것에 정성을 들이고 이웃들에게 진실되게 관심을 가지고 살아가기로 다짐합니다. 다짐을 지키기 위해서는 늘 지지해주고 위로해주는 존재가 필요합니다. 노래가 시대를 위로해줄 수 있는지 묻습니다.

노래가 시대를 바꾸고 치유해줄 수 있다고 믿는 것은 너무 순진한 믿음일지 모르겠습니다. 그러나 노래가 그 시대를 사는 사람들 각자의 마음을 위로해주고, 그렇게 위로받은 마음들이 모여서 시대가 조금씩 치유되는 것이 아닌가 생각해봅니다. 답답한 시대를 살아가는 이 시대를 위로해주는 음반을 꺼내 듣습니다. 미국의 포크 가수 수잔 베가와 블루스 음악가 리아넌 기든스의 음악입니다.

'리버풀에서', '루카', '톰의 식당' 등의 곡으로 1990년대에 큰 사랑을 받았던 포크 가수 수잔 베가Suzanne Vega(1959-)는 그 이후 대중적으로 큰 주목을 받진 못하고 있지만 여전히 훌륭한 음악들을 많이 내어놓고 있습니다. 그녀의 가장 최근 앨범을 몇 년이 지나 작년에 접할 수 있었고, 올해 힘겨운 여름을 보내며 다시 이 앨범이 떠올랐습니다.

〈연인들: 카슨 매컬러스와의 저녁에 붙이는 노래들(Lover, Beloved: Songs from an Evenimg with Carson McCullers)〉이라는 제목과 곡목에서 수잔 베가의 문학적 소양을 짐작하게 됩니다. 수잔 베가는 2011년에 그녀가 존경하고 사랑하는 여성작가인 카슨 매컬러스(1917-1967)의 문학작품들과 파란만장했던 생애에서 영감을 얻어 음악극을 구상해 2011년에 〈카슨 매컬러스 사랑을 이야기하다〉라는 제목으로 미국과 영국을 순회하며 공연했습니다. 이 음악극에는 그녀와 깊은 유대가 있었던 스위스의 작가이자 여행가인 안네마리 슈바르첸바흐(1908-1942)와 매컬러스와 마찬가지로 미국 남부문학을 대표하는 인물인 하퍼 리(1926-2016)에 관한 노래도 있었습니다.

이 앨범의 중심에 있는 작가 카슨 매컬러스는《마음은 외로운 사냥꾼》,《슬픈 카페의 노래》와 같은 훌륭한 소설들을 남겼습니다. 우리나라에도 많은 애독자들이 있습니다. 수잔 베가는 이미 열다섯 살 때 카슨 매컬러스의 작품을 읽고 매혹되었다고 고백합니다. 수잔 베가는 앨범 내지에 직접 이 작가에 대해 글을 쓰고 있는데, 카슨 매컬러스가 '인간 존엄성에 대한 이상과 아웃사이더, 소외된 이들에 대한 공감과 감정 이입'을 간직하고 실천했기에 깊이 존경한다고 밝히고 있습니다. 특히 이 앨범의 마지막 곡인 '카슨의 마지막 만찬: 아가페, 사랑, 만찬(Carson's Last Supper: Agape Love Feast)'은 늘 소외된 이의 아픔을 함께하는 글을 썼던 작가의 작품 세계에 대한 수잔 베가의 존경이 가득 찬 헌정입니다. 그 가사를 음미해보면, 이 거친 시대에 우리 모두가 간직해야 할 마음이 담겨있습니다.

카슨의 마지막 만찬: 아가페, 사랑, 만찬

나는 세상을 사랑합니다.
때때로 세상도 나를 사랑하지요.
내 인생을 사랑하는 것,

그것이 휴머니티
부자와 가난한 이들
마음이 깨어진 이들과 온전한 이들
그들 모두가 함께 모여와
영혼에 양식을 먹여주며
각자가 이 만찬에 속합니다.

인생의 즐거움을 위해 술잔을 들어요
인생의 고통을 위해 술잔을 들어요
인생에서 잃은 것을 위해 술잔을 들어요

인생에서 얻은 것을 위해 술잔을 들어요
보잘 것 없는 이들, 삶이 꼬여버린 이들
뻐기는 이들과 대단한 이들
죄지은 이들과 상처받은 이들
여기에 내 설 자리
각자가 이 만찬에 속합니다.

(코러스)
자, 와서 식탁에 앉아요
자 와서 내 것을 여러분도 나눠 가지세요
그리고 부디
여러분의 것을 나누어주세요
영원히, 우리는 함께 결합된 하나의 몸이 됩니다.

인생의 슬픔을 위해 마셔요
인생의 기쁨을 위해 마셔요.

다리를 놓는 음악

미국의 음악가 리아넌 기든스Rhiannon Giddens(1977-)의 음악을 처

노래가 시대를 위로할 수 있다면

음 접한 것은 '실크로드 앙상블The Silkroad Ensemble'이 연주해 그 래미상을 받은 명반 〈Sing me Home〉(2016)에서 그녀가 노래하는 '세 인트 제임스 인퍼머리St. James Infirmary Blues'를 들으면서부터입니 다. 이 곡은 이미 1920년대부터 미국에 알려진 블루스곡입니다. 위 대한 재즈 음악가 루이 암스트롱에 의해 재즈 스탠더드 곡으로 자리 잡았고, 그 이후로 여러 음악가들이 연주하고 노래했습니다. 거칠고 고단한 삶, 사회에서 천대받고 부랑아처럼 사는 사람들의 삶과 죽음 이 담긴 처절한 노래입니다. 알베르 카뮈의《페스트》에도 주인공들 이 축음기로 이 노래를 듣는 장면이 나오기도 합니다.

'실크로드 앙상블'은 대만 출신의 유명한 첼리스트 요요마의 주 도로 1998년에 결성된 음악 집단입니다. 요요마는 뛰어난 음악인이 기도 하지만 훌륭한 인품과 식견으로도 잘 알려져 있지요. 그가 기 획한 '실크로드 앙상블'은 전 세계를 아우르는 여러 젊은 '월드뮤 직' 음악가들의 모임입니다. 고정된 멤버 대신에 그때그때 다양한 음악인들이 함께해 민속음악, 창작 음악, 클래식의 새로운 해석 등 신선한 공연 및 녹음 활동을 통해 문화적 다양성과 여러 민족의 소 통과 연대의 소중함을 음악으로 들려주고 있습니다.

리아넌 기든스는 이 앙상블에 속해 있지는 않지만, 초대받아 함 께 이 유서 깊은 블루스를 공연했습니다. 국경과 민족을 넘는 음악 적 뿌리를 찾고, 또한 다양한 음악적 전통에 다리 놓으며 사람들 간 의 이해와 평화를 증진시키는 '실크로드 앙상블'의 취지는 리아넌

　철학자의 음악서재, C#

기든스의 음악적 지향이기도 합니다. 음반에 실린 노래도 좋지만 '실크로드 앙상블'과 함께 TED 강연에서 연주하고 노래한 라이브 영상은 퍽 인상적이었습니다. 이 영상을 통해 '노래를 통해 역사에 다가가는 여정'을 걷는 의식 있는 음악인인 그녀의 모습을 확인할 수 있습니다.

리아넌 기든스는 블루스, 컨트리, 영가, 블루그래스*, 포크 등 거의 전 영역에서 미국의 음악적 뿌리를 탐구해왔고 또한 다른 문화권의 음악에도 많은 관심을 가지고 있습니다. 탁월한 노래 실력은 물론 여러 악기를 연주하는 연주자이기도 하고, 포크와 전통음악에 대한 음악학적인 탐구에도 밝다는 것을 알 수 있습니다. 그녀의 음악적 개방성은 여러 음악인들과 다양한 형태로 협력하고 협연하는 것을 통해 잘 드러나는데, 그녀의 양친이 다양한 인종적 뿌리를 지니고 있는 것 역시 음악적으로 열려있는 자세에 영향을 주었으리라 생각합니다.

그녀의 음악적 성과가 공적으로 높이 평가받고, 대중적으로도 알려지게 된 시기는 '카롤리나 초콜릿 드롭스Carolina Chocolate Drops'에서의 활동 기간이었습니다. 리드보컬이자 밴드 연주자로 활약하면서 2011년에는 전통음악 분야에서 그래미상을 수상하기도 했습니다. 이어 그녀는 자신의 독집 앨범들을 내기 시작합니다. 비교적 대중적인 곡들이 담긴 〈내일은 나의 차례(Tomorrow is My Turn)〉(2015)

가 첫 번째 정식 독집 음반입니다. 그녀가 민속음악이나 블루그래스 음악만이 아니라 대중적인 재즈나 블루스풍의 음악도 멋지게 소화한다는 것은 최근에 '코비드 19 기금'을 위한 자선 운동의 일환으로 빌 위더스의 유명한 히트곡 '우리 둘만이(Just Two of Us)'를 부른 영상을 보면 확인할 수 있습니다.

그녀는 미니 앨범인 〈공장의 소녀(Factory Girl)〉(2016)를 통해 자신만의 확고한 음악적 지향을 독집의 형태로 정립했고, 2017년에 내놓은 〈자유의 길(Freedom Highway)〉로 격찬을 받았습니다. 이 앨범에는 1960년대 미국 시민권 운동에서 상징적 역할을 한 곡들도 수록되어 있는데, 이를 통해 그녀가 지향하는 역사와 음악의 만남을 실감할 수 있습니다.

그녀의 가장 최근의 정식 음반인 더블앨범 〈타인은 없다(There is no other)〉(2019)는 놀랍고 감동적인 음악으로 가득합니다. 음반의 곡들은 전통적으로 전해오는 미국의 블루스와 가스펠, 포크 음악, 메노티와 같은 현대 작곡가의 작품, 그리고 브라질, 쿠바, 이탈리아 등 다양한 나라의 민속음악 및 전통음악, 그리고 그녀의 자작곡 등 다양한 색채를 보여줍니다. 그녀가 노래하고, 역시 여러 악기에 능통한 연주자이며 그녀의 삶의 동반자이기도 한 프란체스코 투리시 Francesco Turrisi가 연주를 맡고 있습니다.

이들의 음악을 듣다 보면 음악을 통해 분열된 세계에 다리를 놓고, 세상의 모든 선의를 가진 사람들이 가까워지고 따뜻하게 연대하기를 바라는 마음을 느낄 수 있습니다. 음반의 모든 곡이 좋지만, 역시 너무도 잘 알려진 민요이자 가스펠인 '떠도는 이방인(Wayfaring Stranger)'을 기든스의 목소리로 듣는 것은 깊은 위로가 됩니다.

---

*   블루그래스(Bluegrass)_ 1940년대 후반 미국에서 발생한 컨트리 음악의 하위 장르. 서부 산악 음악을 전기 악기를 쓰지 않고 전통 민속 악기만으로 현대화한 형태의 음악

노래가 시대를 위로할 수 있다면

2
악
장

Cantabile

계속되는 삶,을

노래하며

바흐의 음악에서 인생을 배우다

인간의 조건

인간은 '인간의 조건' 아래서 살아갑니다. '인간의 조건'은 인간의 유한함이자 유약함이며 이런 인간 존재를 살피고 인간의 삶을 해석하는 데 종교와 인문학과 예술은 열쇠와도 같습니다. 인간에 대해 설득력 있게 말하고자 한다면 인간의 조건을 받아들이고 헤아리는 데서 시작해야 합니다. 필연적 법칙, 이성적 계획, 주체적 의지에 의해서만 우리의 삶이 펼쳐지는 것은 아니라는 것을 인정해야 합니다. 예기치 못했던 사건이, 시대의 흐름이, 타인과의 만남이 우리의 인생을 알지 못했고 원치 않았던 자리로 이끌어가는 것이 인생입니다.

이렇게 생각지 못한 새로운 현실이 삶에 나타날 때, 이를 부정하는 것은 부질없습니다. 그 현실이 마음에 드는 것이든 그렇지 않은 것이든, 우리는 거기서 다시 시작할 수밖에 없습니다. 살아간다는 것은 삶에서 발생하는 사건들의 우연성을 대면하고 인정하는 과정의 연속입니다. 생의 우연성은 일시적이거나 예외적인 것이 아니라 인간 존재에 뿌리박고 있습니다. 우연성을 받아들이는 일은 한시적인 것이 아니라 살아가는 내내 과제가 됩니다. 이는 자주 우리에게 상처와 좌절의 이유가 됩니다. 내 인생의 주인이 내가 아니라는 사실을 생의 틈새로 파고드는 우연적 계기들을 겪으며 절감합니다. 인간의 삶이 지닌 유한함과 유약함과 우연성은 죽음에서 그 절정에 이르며, 또한 그때에야 비로소 종결됩니다. 우리의 인생이 미완성으로 남는 것을 피할 방법은 없어 보입니다.

이런 생각을 하다 보면 어느덧 우울함과 무력감이 삶을 지배하기도 합니다. 인생이란 결국 속절없이 사라져가고 미완성으로 끝나는 헛되고 힘겨운 고생에 불과하다는 허무주의적 정서에 마음을 빼앗길 때도 있습니다. 우연성, 미완성인 인생, 이런 말들은 종종 삶에 대한 희망과 의지를 앗아가는 가혹한 진실처럼 들립니다.

하지만 오히려 이러한 뼈아픈 인식을 한 후에야 비로소 진정한 인생길이 보이는 것일지 모릅니다. 관념이나 계획에만 사로잡혀 사는 대신에 '지금' 살아있다는 것을 느끼고 기뻐할 수 있을 때 인생의 의미를 체험하게 될 것이기 때문입니다. 그리고 죽음 앞에서 인생이 미완성이라는 진실을 겸허하고 평화로이 받아들이는 사람은 비록 미완성이라도 인생은 그 자체로서 충분하며, '달릴 길을 다 달려' 생에 부여된 소명을 다했음을 행복하게 깨달을 수 있습니다.

철학자의 음악서재, C#

인생의 충만함과 완성은 역설적으로 생의 약함과 우연성, 죽음이 지상의 생을 미완성인 채로 끝내게 할 수 있다는 사실을 받아들이는 사람에게 주어지는 선물입니다. 바로크 시대 독일의 위대한 음악가 요한 제바스티안 바흐(1685-1750)의 음악에는 인생의 이러한 의미를 깊이 깨닫게 해주는 힘이 있습니다.

'무반주 첼로 모음곡'이 보여주는 인생의 의미

고전음악 애호가들에게 바흐의 '무반주 첼로 모음곡'을 좋아하기 시작한 순간은 클래식 음악 감상의 여정에서 각별한 기억으로 남습니다. 웅장한 교향곡이나 관현악곡에서 시작해 이내 낭만적인 피아노곡들, 격정적인 오페라, 다정한 실내악들을 좋아하다가 이 곡의 명성을 듣고 관심을 가져 '도전'하게 되었을 때, 처음에는 낯설고 당혹감마저 느끼는 경우가 많습니다. 곡의 모음곡 전곡을 맘먹고 들으려면 두 시간 가까운 긴 시간이 걸리는 데다가 연주자는 악기 하나로, 그것도 대부분 화성 없이 첼로 하나를 켜며 홀로 단선율의 세계를 조형해가는 곡의 밀도에 쉽게 익숙해지기 어렵기 때문입니다. 연주가가 감수해야 할 긴장과 부담이 큰 것처럼 듣는 이들에게도 집중력을 요구합니다.

전곡 감상에 도전하는 것이 처음에는 쉽지 않습니다. 하지만 여

바흐의 음악에서 인생을 배우다

유와 인내를 가지고 각 부분들을 이루는 곡들을 하나씩 들어가다가 모음곡 한 편 전체를, 이어서 여섯 개의 모음곡 전체로 감상의 범위를 확장해가다 보면 곡을 들을 때 감동은 마치 물이 차오르듯이 내면과 감각을 채웁니다. 어느새 처음의 의구심과 당혹감은 사라지고 좋아하기 시작하게 됩니다. 이 작품의 유기적이면서도 자유롭고 깊은 경지를 실감하며 경외심을 느끼게 됩니다.

이 위대한 작품을 들을 때 느끼는 경외심은 세월과 함께 점차 깊은 위로와 치유의 체험으로 내 안에 뿌리내립니다. 가장 순수하면서도 따뜻한 음들이 내 심저에 숨어있는 순수한 자아를 떠오르게 하고 대면하게 합니다. 그 음악이 지속하는 동안은 달관과 정화의 순간이 숨을 내쉬듯 자연스럽게 내게 머물고 있는 것 같습니다.

무반주 첼로 모음곡과 친해지기 위해 감상자에게 시간과 반복이 필요한 것은 바흐가 이 곡을 작곡한 이래 오늘날까지 변함이 없습니다. 적어도 오늘날은 이 작품의 위대함과 숭고함에 대해 이견이 없어 보입니다. 그런데 음악 역사에서 보면 오랜 세월 동안 이 걸작은 감상용으로 적합한 곡이 아니라 작곡자가 음악 형식을 모색하는 실험의 결과이거나 아니면 연주가가 연주기법을 향상하기 위한 연습곡으로 여겨져, 연주회 곡목으로는 거의 등장하지 못했습니다.

요한 제바스티안 바흐 사후 그의 음악이 시대의 흐름에 뒤처진 음악으로 꽤 오랜 시간 과소평가된 것은 잘 알려진 사실입니다. 그의 관현악이나 종교 성악곡들, 건반악기 곡들이 다시 사랑을 받고 점차로 '신성시'되어가는 역사적 복권의 시기가 온 다음에도 무반주 첼로 모음곡이 지닌 풍부한 정신적 깊이와 다채로운 음악적 언어를 사람들이 제대로 음미하기까지 여러 세대의 시간이 필요했습니다.

바흐의 무반주 첼로 모음곡이 기법과 음악 형식의 보고인 것만이 아니라 영혼을 울리고 감정을 어루만지며 종교적 초월을 포함해서 삶의 다양한 측면을 반영하는 위대한 걸작이라는 것을 알게 한 가장 중요한 공헌자는, 아마도 역사상 가장 위대한 첼로의 대가이자 한 음악가로서의 능력을 넘어 문화계에서 세기적인 인물이라고 평가받는 스페인의 카탈루냐 지방 출신의 첼리스트 음악가 파블로 카잘스(1876-1973)입니다.

열네 살의 소년 카잘스는 아버지와 함께 갔던 바르셀로나의 어느 헌책방에서 우연히 이 곡의 악보를 발견한 후 독학으로 이 곡을 익히고 매일같이 연습해 10여 년이 지난 후 이 곡을 대중 앞에 선보입니다. 이제 한 천재적인 젊은 연주가에 의해 거의 200여 년 만에 이 걸작이 망각의 시간을 넘어 사람들에게 모습을 드러내게 되었습니다. 또한 이 곡이 전 세계인들에게 각인된 결정적 계기 역시 그에게서 시작됩니다.

카잘스는 이 곡을 연주회에서 대중 앞에 소개한 이후 수십 년이 지난, 제2차 세계 대전 동안인 1936년부터 1941년까지 EMI 레코드에서 최초로 전곡을 녹음해서 발매했습니다. 클래식 음반 역사에서

손꼽히는 전설적인 사건이라고 평가받는 이 녹음은 오늘날에 비하면 열악한 모노 음질임에도 여전히 그 광휘는 사라지지 않고 널리 사랑받고 있습니다. 바흐의 무반주 첼로 모음곡을 말할 때 카잘스의 이름과 녹음이 맨 먼저 언급되는 것은 앞으로도 변하지 않을 것 같습니다.

이 녹음이 더욱 극적인 이유는 이 녹음 시기에 카잘스가 가장 큰 고통과 위험에 놓였었기 때문입니다. 고국 스페인이 프랑코 총통이 주도하는 파시스트 당에 의해 장악되었고 카잘스는 파시스트에 저항하는 세력의 상징이었으며, 정부와 대립하던 카탈루냐 지방 사람이었습니다. 그는 피레네 산맥을 넘어 프랑스 쪽의 작은 도시로 망명해 자신의 국제적 영향력을 통해 사회주의 편에 선 시민군들이 프랑코 세력에게 학살당하는 것을 막으려 안간힘을 쓰고 있었습니다.

그러나 절망적이게도 이후 독일이 전면전을 일으키고 파리가 나치스의 수중에 떨어지고, 남부에는 비시 정권이 세워져 상황은 더욱 악화되었지요. 그 이후 카잘스는 1944년에 노르망디 상륙 작전으로 파리가 수복될 때까지 늘 생명을 위협받는 아슬아슬한 칩거 생활을 해야 했습니다. 전해지는 이야기에 의하면 이런 위태로운 상황에서도 그는 끝까지 나치스가 요구한 '바흐 순회 연주'를 거부했다고 합니다. 그의 세계관과 인품을 알게 하는 일화입니다. 이러한 격동의 시기에 깊은 고뇌를 품고 평화를 기원하며 녹음한 연주여서 더욱 감상자의 마음을 움직이는 것 같습니다.

모음곡이라는 양식은 기본적으로 춤곡들의 모음입니다. 하지만 바흐의 무반주 첼로 모음곡이 가지는 장중함과 숭고함 때문에 종종 이런 측면을 간과하게 되는 것 같습니다. 각 모음곡에 등장하는 알망드, 쿠랑트, 사라반드, 미뉴에트, 지그, 부레, 가보트 모두가 당시 춤곡의 이름입니다. 바흐는 여기에 각 모음곡의 시작에 '프렐류드(전주곡)'를 더해서 각 모음곡마다 여섯 곡을 채우고, 이런 모음곡이 모두 6개가 모여서 무반주 첼로 모음곡 전곡이 됩니다. 다만 각기 다른 시기와 계기로 작곡된 모음곡들 사이의 유기성과 발전사적 관계에 대해서는 여러 해석이 있습니다.

근년에 음악 칼럼리스트인 에릭 사블린은 이 작품에 대한 일반인을 위한 좋은 해설서 《바흐의 무반주 첼로 모음곡을 찾아서》(정지현 옮김, 21세기북스, 2017)를 저술했습니다. 바흐가 이 작품을 완성해가는 과정을 재구성하는 한편, 각 곡에 대한 음악학적 탐구와 더불어 파블로 카잘스의 생애와 그가 바흐의 이 걸작을 발견하고 연습하고 전 세계에 알리는 과정을 상세히 설명해주는데, 이 두 이야기가 씨줄과 날줄처럼 잘 엮여져 있습니다.

팝과 록 음악 비평이 전공인 저자가 점차 이 낯선 작품에 빠져드는 과정과 그러면서 자신의 삶을 이 곡에 비추어보게 되고 나아가 인생의 길잡이로 여기게 되는 체험을 덧붙이고 있어서 무반주 첼로 모음곡을 더욱더 좋아하게 되는 데 큰 도움이 되고 있습니다. 이 책에서 사블린은 춤곡으로서 '모음곡'의 성격을 다음과 같이 잘 말해

바흐의 음악에서 인생을 배우다

즙니다.

바흐의 무반주 첼로 모음곡이 슬픈 일에 연주되는 경우가 많은
이유는 첼로라는 악기의 어둡고 서글픈 음색과 더불어 이 곡이
외롭게 하나의 악기만 요구한다는 사실로 대부분 설명할 수 있
다. 하지만 첼로는 인간의 목소리와 가장 닮은 악기라서 암울한
소리만 낼 수 있는 것은 아니다. 대부분 장조로 쓰인 바흐의 무반
주 첼로 모음곡은 경쾌하고 떠들썩하게 웃고 즐기는 태평한 태도
와 황홀한 유희 역시 어느 정도 들어가 있다. 그 뿌리는 춤이다.

_ P.19《바흐의 무반주 첼로 모음곡을 찾아서》

무반주 첼로 모음곡이 경박하다는 뜻이 아니라, 우리의 깊은 생명력
을 표현한다는 말입니다. 아주 예전에 어느 음악 평론가가 썼던 절
묘한 표현을 빌리자면, 바흐의 이 작품은 '넋의 춤'이라고 할 수 있
습니다. 바흐의 음악은 우리의 넋이 아름다운 춤을 추도록 합니다.
넋이 춤을 출 수 있는 사람은 '순간'을 향유하고 깊은 정신적 차원에
서부터 빛나는 감각적 차원까지 선물로 받아들이는 사람일 것입니
다. 아름답게 춤출 수 있는 넋을 지니는 것, 이것이 인생의 참 행복의
길이자, 한 인간으로서 이루어야 하는 진정한 과업이라는 생각을 이
음악을 들으며 하게 됩니다.

철학자의 음악서재, C#

바흐와 인생의 마지막 순간

바흐의 여러 음악에 감도는 평화롭고 관조적인 분위기와 달리, 바흐
는 삶에서 많은 역경을 겪은 사람이었습니다. 이른 나이에 부모를
잃었고, 자신의 여러 자식들이 어린아이 때 세상을 떠나는 것을 바
라봐야 했으며, 사랑하는 첫 번째 아내와 젊은 시절에 사별했습니
다. 그를 둘러싼 주변의 상황도 녹록지 않아서 늘 과중한 일들과 질
시와 몰이해, 고압적이고 박한 고용주와의 갈등 등의 문제들과 씨름
해야 했습니다. 만년에 들어서는 당뇨 합병증으로 인해 거의 시력을
잃는 지경에 이르렀지요.

그의 생애를 살펴보면 바흐는 일관되게 자신에게 다가온 어려움
들과 압박에 대해 소신을 가지고 의연하고 성실하게 응답한 것을 보
게 됩니다. 이러한 삶의 태도는 사회적, 가정적 책임과 의무를 다하
는 모습으로 나타나기도 하고, 여러 열악한 조건에도 불구하고 위대
한 음악 작품들을 삶의 마지막 순간까지 지속적으로 창작한 것으로
도 이해됩니다. 그의 모습에서 우리는 요즈음 상담심리에서 중요하
게 언급되는 '회복 탄력성resilience'의 모범을 볼 수 있습니다.

그가 인간 조건을 체험하고 인생의 어려운 도전에 직면해서 좌
절하는 대신 오히려 이를 자신의 음악적 결실로 승화할 수 있었던
원천이 무엇일까 생각해볼 필요가 있습니다. 먼저 가장으로서 가족

바흐의 음악에서 인생을 배우다

에 대한 사랑과 책임감, 직업적 의무감 같은 덕목이 그 안에 형성되었기 때문이라는 생각이 듭니다. 또한 유년기와 청년기의 일화들을 통해 볼 수 있듯이 바흐는 일찍부터 여러 역경 속에서도 음악가로서 자신의 재능을 확신하고 신이 부여한 음악적 소명을 인식했다는 것을 추측할 수 있습니다. 고난을 딛고 자신의 재능을 씩씩하게 꽃피게 하는 '회복 탄력성'은 이러한 '자기 신뢰'를 필요로 하기 때문입니다.

그러나 그의 삶과 작품들을 자세히 살펴볼수록 무엇보다도 신에 대해 헌신하려는 굳은 신앙심이 바흐가 쉽지 않은 삶의 조건들 속에서 결실 있는 생애를 살게 한 원천이었다는 것을 발견하게 됩니다. 그의 인생 좌우명이 '오직 신에게 영광을(Soli Deo Gloria)'인 것은 우연이 아닐 것입니다.

바흐는 최선을 다해 끝까지 자신의 삶에 충실하고 신이 자신의 인생에 부여한 소명을 완성하려 애쓰는 사람이었습니다. 그가 죽음이 가까이 다가온 만년의 시간에 몰두한 위대한 두 대작 '나단조 미사'와 '푸가의 기법'은 우리에게 인간이 자신의 삶을 완성하고 최종적 의미를 찾는 것이 무엇을 의미하는지를 상징적으로 보여줍니다. 그는 자신이 전 생애에 걸쳐 작업한 종교 음악들을 집대성한 일종의 '대전(Summa)'이라 할 나단조 미사곡을 완성했고, 심오하고 신비스런 기악곡 푸가의 기법은 결국 미완성으로 남았습니다.

우리는 완성을 향한 최선의 노력 끝에 미완성으로 남은 바흐의 마지막 대작을 보며, 인간에게 진정한 완성은 미완인 우리의 모습을 신에게 봉헌하고 의탁하는 데서 이루어진다는 것을 깨닫게 됩니다. 임종의 순간이 다가왔을 때 바흐는 자신의 사위에게 구술해 젊은 시절 작곡했던 코랄 전주곡을 다시 개작합니다. 이 곡은 문자 그대로 '임종의 침대'에서 신에 올린 기도입니다. "이제 당신의 보좌 앞으로 향해갑니다"라는 제목은 자신의 삶을 온전히 자비로운 신에게 맡기는 바흐의 마음을 그대로 보여줍니다.

삶은 신비롭고, 인생은 의미로 충만합니다. 삶이 신비롭고 인생이 의미 있는 것은 궁극적으로 우리의 삶이 자비로운 신에게서 나왔기 때문입니다. 바흐가 만년에 남긴 숭고하면서도 인간적인 음악을 들으며 우리 삶의 마지막이 미완성이라 하더라도, 사실은 신의 손길 안에서 완성된다는 믿음을 굳게 합니다. 미완성으로 보이는 자신의 삶을 수용하고 화해할 수 있는 기회가 우리에게 있기에 온갖 부족함과 어려움에도 불구하고 우리의 생애는 축복이자 선물이 될 수 있습니다.

인생의 궁극적 의미를 떠올릴 때, 바흐의 푸가의 기법과 나단조 미사를 듣는 것은 더없이 어울립니다. 바흐가 자신이 평생 쌓아오고 실험을 거듭한 모든 음악적 기법과 선율을 총망라해, 평생을 걸쳐 단련한 신에 대한 사랑과 순종을 장엄한 합창과 독창, 관현악으로 표현한 나단조 미사는 누구든지 그 음악을 들을 때 바흐의 음악 혼

바흐의 음악에서 인생을 배우다

이 자신의 존재를 흔들고 고양시키는 체험을 하게 됩니다. 나단조 미사의 명연주로는 구 동독에 속한 역사적 고도 드레스덴 출신이지만 오랫동안 뮌헨에서 건반악기와 오르간 독주자이자 지휘자로 바흐 음악에 평생을 헌신한 칼 리히터가 자신이 창설했고, 분신과 같았던 '뮌헨 바흐 관현악단'과 '뮌헨 바흐 합창단'과 함께한 역사적 연주를 들 수 있습니다.

반면에 수학적 지성에 가까운 음악적 기법이 요구되는 푸가의 기법은 비전문가가 온전히 이해하기는 어렵다는 선입견을 갖기가 쉽습니다. 하지만 놀랍게도 이 '추상적'인 음악은 사람의 마음을 깊이 사색과 평정의 세계로 이끌어줍니다. 며칠 묵었던 독일 프랑크푸르트 근처 한 수도원의 구내서점에서 발견한 프랑스의 오르가니스트, 앙드레 이수아르André Isoir가 1999년에 녹음한 명연주에 빠져 듣게 되면서 비로소 푸가의 기법을 좋아하기 시작했습니다. 여러 해에 걸쳐 이 음반을 듣다가 어느덧 바흐의 정신적, 종교적 세계에 가장 가까이 간 연주자로 꼽히는 헬무트 발하Helmut Walcha(1907-1991)의 연주로 다시 돌아오게 되었습니다.

눈이 먼 대신에 마음의 눈으로 바흐의 세계를 보았다는 표현이 이 위대한 맹인 오르가니스트에게는 과장된 수사가 아니라 진실이라고 생각합니다. 1956년 발하가 이 곡을 녹음하고 나서, 많은 사람들이 이 곡은 대위법을 이해하는 전문가들을 위한 비의적祕儀的인 작품이거나 지성에 정향定向된 작품이라는 선입견에서 벗어나게 되

철학자의 음악서재, C#

었습니다. 2007년 발하의 탄생 100주년을 맞아서 음반 회사는 이 음반을 복각했고 보다 선명한 음질로 이 전설적 녹음을 들을 수 있게 되었습니다.

바흐의 미완성 작품인 푸가의 기법은 수많은 사람의 마음을 감동시키고 평화로 이끄는 명곡으로 사랑받고 있습니다. 이 곡이 주는 감동은 어쩌면 미완성으로 남았다는 사실 때문에 더 큰지도 모릅니다. 그리고 인생도 역시 마찬가지라고 생각합니다.

바흐의 음악에서 인생을 배우다

조화의 영감

조화로운 내면과 조화로운 관계

당신이 행복이란 무엇일까 묻고 있다면, 당신은 이미 철학자라 할 만합니다. 행복에 대해 깊이 묻다 보면, 결국 사람이 훌륭하게 사는 것이란 무엇인지를 고민하게 되기 때문입니다. 행복에 대한 질문은 좋은 삶에 대한 숙고입니다. 이론이 아니라 삶으로서 철학은 좋은 삶이 무엇인지 지속적으로 숙고하는 데서 시작하고 그곳으로 다시 돌아옵니다. 조화로운 삶은 이에 대한 답입니다. 우리는 모두 조화로운 삶을 바라고 고민합니다.

조화로운 삶은 두 가지 측면에서 말할 수 있습니다. 먼저 조화로운 관계입니다. 가족, 다른 사람들, 일터, 사회적 관계망 등 인간관계에서 조화를 찾아볼 수 있는가는 나의 삶이 행복한가라는 질문에서 매우 중요한 역할을 합니다. 그러나 관계 안에서의 조화만이 중요한 것이 아닙니다. 오히려 나 자신의 조화로운 내면이 행복한 삶을 위해 더 근본적이라는 생각이 듭니다. 이것이 바로 두 번째 측면입니다. 내면의 조화를 만들어갈 줄 모르는 사람이 과연 다른 사람과 조화로운 관계를 맺을 능력이 있을지 의문이 들기 때문입니다.

하지만 가족들이나 동료들과 맺는 관계가 조화롭게 흘러갈 때야 비로소 내 안에 조화가 생겨나는 것이 아닌가, 하는 질문 역시 정당합니다. 우리는 조화로운 내면과 조화로운 관계는 서로 '순환적'이라는 결론에 이르게 됩니다. 논리학이라면 이를 '순환논법의 오류'라고 말할지 모르겠으나, 사람이 사람 사이에서 살아가는 인간사에서는 이 두 가지가 같은 뿌리에서 뻗어 나와 서로 엉켜있는 것이 이상하지 않습니다. 이 두 가지를 칼로 자르듯 구분해 선후나 인과관계를 따질 것이 아니라 서로 꼬리를 물고 있는 두 측면을 함께 아우르면서 가만히 바라보며 이해하려 할 때 비로소 조화로운 인생의 얼굴이 드러납니다.

'아포리아'에서 시작하기

인간사에서 정작 중요한 문제들은 우리를 자주 순환논법의 상황에 처하게 합니다. 닭과 달걀의 관계처럼 어디서부터 풀어가야 할지 알기 어려운 이런 난제들을 '아포리아'라고 합니다. '난제'를 뜻하

철학자의 음악서재, C#

는 '아포리아'는 '길이 없음(a-poria)'이라는 고대 그리스 말에서 유래했습니다. 아포리아는 우리를 당혹하게 합니다. 하지만 철학에서 '길이 없음'은 낙담할 일이 아닙니다. 익숙한 길을 습관처럼 가면서 남이 대신 써준 해답에 만족하는 것이 아니라 멈추어 서서 스스로 생각하며 타성의 벽을 넘어보고자 애쓰는 계기가 되기 때문입니다.

그런 의미에서 서양철학의 인간학과 윤리학의 진정한 시작이라고 할 수 있는 고대 그리스 아테네의 철학자 소크라테스가 보여준 철학 방법은 오늘을 사는 우리에게 큰 가르침이자 위로입니다. 소크라테스는 대충 알고 있는 답을 신뢰하지 않습니다. 그는 좋은 삶을 추구하는 자는, 자신이 가지고 있는 가치 기준을 면밀히 검토해야 하고 철저한 자기 반성을 두려워하지 말아야 한다고 가르칩니다. '자기 자신을 스스로 검증하고 시험에 부치는' 성찰의 삶은 우리를 인간답게 합니다. 이는 자유의 길이기도 합니다.

사람이 인격적이고 자유롭게 본연의 삶을 살아가는 비밀은 소크라테스에 의하면 덕에 있습니다. 덕은 익히는 것이기도 하지만 깨달음이기도 합니다. 소크라테스는 동료 시민들을 덕의 본질을 깨닫도록 초대하고 이끄는 것을 일생일대의 소명으로 삼았습니다. 소크라테스는 무엇이 행복인지, 잘 사는 것이 무엇인지, 덕이란 무엇인지 이미 잘 알고 있다고 믿는 사람들을 능청스럽게 대화로 끌어들입니다. 이를 철학사는 '소크라테스적 아이러니'라고 말합니다. 그의 이러한 '짐짓 모른 체하는 겸허한 경청'의 자세를 대하면 대화 상대자들은 이내 경계심을 풀고 자부심에 차서 거침없이 자신의 의견을 말하기 시작합니다. '산파술'이라고도 불리는 소크라테스적 대화법의 핵심은 말하는 사람이 스스로 자신의 견해가 자가당착이라는 것을 깨닫게 하는 데에 있습니다. 자신이 내뱉은 말들이 일으키는 모순을 깨닫고 인정하는 순간 그들은 '아포리아'에 들어섭니다. 덕을 향한 철학은 자기 확신 대신에 '아포리아'에서 시작합니다.

'아포리아'에서 시작하는 사람은 삶의 복잡성을 과소평가하지 않습니다. 자신 안에 자리한 편향과 맹목성을 끊임없이 주시합니다. 사려와 신중을 잃지 않으려 애씁니다. 그러나 이것이 다가 아닙니다. 진정 '아포리아'에서 시작하는 사람은 순환적으로 보이는 인생의 큰 문제를 만날 때 피하지 않고 정면대결을 감행합니다. 참된 철학자들은 '큰 문제'와 씨름하는 것을 두려워하지 않는 법입니다.

사람이 성숙하고 삶을 향유하고 꽃피우며, 행복하게 살기 위해서는 완전히 알지 못하는 세계에 대해서도 먼저 한 발을 내딛는 기개가 있어야 합니다. 삶이 정물이 아니며, 움직이고 경험하고 감행하면서 비로소 그 본질에 다가갈 수 있음을 믿어야 합니다. '아포리아'의 도전에 응답할 때 비로소 덕으로 향하고 덕이 이끄는 좋은 삶의 길이 열립니다.

행복은 이러한 좋은 삶과 다르지 않고, 결국은 조화로운 삶으로 드러납니다. 그렇다면 조화는 결코 정적이거나 흔들림이 없거나 현상 유지의 결과일 수 없습니다. 내면의 조화는 거저 주어지지 않습

철학자의 음악서재, C#

니다. 타인에게서 오는 자극과 도전과 애써 대면하는 각고의 시간들을 먹고 자라난 결실입니다.

내면의 조화는 덕을 가진 사람의 특징입니다. 덕은 다른 사람과 주고받는 행위 속에서 드러나지만, 내면의 조화가 결여된 행위는 피상적이고 깨지기 쉬우며 지속 가능하지 않습니다. 언제라도 허상이 되거나 물거품처럼 사라질 수 있습니다. '아포리아'에서 시작하는 사람은 허상에 만족하지 않습니다. 그는 내면의 조화와 조화로운 관계를 일구는 길에는 언제나 긴장과 도전이 있다는 것을 받아들이고 실패에서 배웁니다.

진정한 조화를 추구하고 덕을 형성해가는 과정을 우리는 '도야'라고 말합니다. 한 인간으로서 바람직한 삶을 살고 행복할 수 있기를 원한다면 평생 도야에 힘쓰라고 철학은 우리에게 권합니다. 도야의 길에 있는 사람은 조화로운 관계와 자신 내면의 조화가 모순되지 않다는 것을 경험으로 알게 됩니다.

도야의 길

고대 그리스 철학에서 '도야'에 해당하는 말은 '파이데이아paideia' 입니다. 이 말은 제도적인 차원의 교육만이 아니라 각 개인의 내면과 생활방식을, 그리고 다양한 차원의 교양을 형성해가는 과정을 의

조화의 영감

미합니다. 수동적인 습득과 배움만이 아니라 자신을 완성하고 실현하기 위해 모색하는 '자유'가 도야의 동인입니다. 도야는 필연적으로 경험 안에서 이루어집니다. 경험 안에서 배우고 마치 예술작품을 만들어내듯 삶을 조형하는 견고한 태도가 도야입니다.

도야해야 할 가장 중요한 과제를 그리스의 철학자들은 '덕 (arete)'이라고 불렀습니다. 직업인으로서 성공만이 아니라 한 인간으로서 '좋은 삶'을 성취하고 행복을 누리기 위해서는 덕이 그 기반에 있어야 한다는 것이 도야의 핵심입니다. 도야를 통해 겉으로만이 아니라 본질적인 차원, 인격적인 차원에서 조화가 생겨납니다. 도야는 자신의 내면을 향하는 것이기도 하면서 사회적 요구와 과제들에 대해 주체적인 응답을 하며 세상 안에서 자신을 실현하는 적절한 자리를 마련하는 것이기도 합니다.

소크라테스가 열어놓은 길을 따라 서양철학의 가장 위대한 전통을 세운 플라톤과 아리스토텔레스는 조화가 덕의 본질이며, 이는 도야를 통해서만 획득되고 지속된다는 것을 잘 보여줬습니다. 철학사는 이러한 전통을 '덕 윤리학'이라고 부릅니다.

플라톤은 고전 중의 고전인 《국가》에서 내면의 조화와 관계에서의 조화가 깊이 연결되어 있음을 정치공동체로 확대하면서 보여줍니다. 그에게 조화는 '정의'로, 으뜸가는 덕의 본질입니다. 그는 한 인간의 사람됨에서 조화를 생생하게 설명하기 위해 도시 국가의 기원과 목적, 그리고 국가 구성원들 사이에 정의롭고 조화로운 관계를 통한 번영을 논하고 있습니다. 또한 정반대로 어떤 국가 공동체가 정의롭고 조화롭다는 것이 무엇을 의미하는지를 보여주기 위해서 지성, 기개, 욕구의 삼분법이라는 인간학을 끌어들입니다. 인간 내면의 다양한 역량과 기능이 조화를 이룰 때 그 사람이 정의롭고 덕을 갖춘 사람이 되듯이 국가 역시 그 구성원들의 관계에서 조화와 균형을 통해 협력할 때 번성하며 정의로운 국가공동체가 될 수 있다는 것입니다.

플라톤의 제자인 아리스토텔레스는《니코마코스 윤리학》에서 '덕'을 '중용中庸' 또는 '적도適度'를 의미하는 '중간(mesotes)'을 선택하는 습득된 품성이라고 정의합니다. '중간'이 뜻하는 것은 조화입니다. 조화를 유지하게 하는 힘은 시간 안에서 인식과 실행을 통해 습득된 품성이자 역량인 덕입니다. 이러한 덕이 있을 때 일상의 문제에 대해 적절하고 조화로운 선택이 가능합니다. 덕이 추구하는 내면의 조화는, 과도하며 적절하지 않은 욕망에 휘둘리는 대신 인생의 고귀한 가치를 지향하게 합니다.

아리스토텔레스는 덕의 본질이 조화를 이루는 것이라고 말하면서 자신 안에 조화를 이루는 것이야말로 인생의 가장 중요한 보람이라고 가르칩니다. 그는 그리스어로 '필리아philia'인 '우애'에 대한 긴 논의를 하면서 조화로운 내면이 타인과의 조화로운 관계에 얼마나 중요한지를 다시 일깨워줍니다.

우애는 다른 사람에 대한 애착과 관련한 덕이라고 정의할 수 있습니다. 이제 아리스토텔레스는 매우 중요한 사실을 지적합니다. 누군가가 이와 같은 참된 우정을 맺을 수 있다면, 그는 '자기 자신과' 좋은 친구가 될 수 있을 것이라고 말합니다. 우애는 내가 다른 사람과 맺는 깊고 역동적인 조화로운 관계입니다.

그리스 문화가 형성한 이념인 '도야'는 독일 낭만주의와 고전주의 문예 운동을 통해 재발견되고 근대적 자아관에 어울리게 재해석됩니다. 그 결실인 '교양(독일어로 '빌둥 Bildung')이라는 개념은 오늘날에도 문화론과 교육학에서 큰 영향을 주고 있습니다. 여기에 큰 기여를 한 사람이 문학가이자 사상가인 요한 볼프강 폰 괴테입니다.

괴테는 '질풍노도'의 문학적 시대를 마치고 고전주의로 돌아서면서 도야의 본질에 대해 깊이 사색하고 있습니다. 그는 작품만이 아니라 스스로의 생의 궤적을 통해 전 인생에 걸친 각고의 모색이자 배움의 과정으로서 교양의 원형을 보여줍니다. 괴테의 주저 중 하나이자 지금도 '교양소설'을 대표하는 작품으로 그 가치를 인정받고 있는 《빌헬름 마이스터의 수업시대》의 한 대목에서 괴테가 생각하는 교양의 이상을 단편적으로나마 엿볼 수 있습니다. 괴테는 등장인물 중 한 명의 입을 통해 세상 사람들이 추구하는 세상의 부와 명예들은 일시적 욕망에 따른 것이기에 인생의 근본적인 갈망을 채워줄 수 없다고 진단합니다. 그리고 세상 사람들이 모르는 가장 중요한 인생의 목적이자 행복의 비밀은 아마도 시인만이 느낄 수 있을 거라고 말합니다. 그것이 바로 조화입니다.

> 그것은 시인이 이미 자연으로부터 얻은 것이지. 즉, 이 세상을 즐기는 일, 다른 사람 속에서 자기 자신을 공감하는 일, 그리고 종종 화합이 안 되는 많은 사물들과 조화를 이루며 함께 살아가는 일이지.
>
> _ P.126《빌헬름 마이스터의 수업시대 1》(안삼환 옮김, 민음사, 1999)

《빌헬름 마이스터의 수업시대》에서 인용한 위의 문장에서 보면 도야를 통해 조화를 내면에 체득하는 이상적 삶의 방식은 '시인'처럼 예외적인 사람들에게만 허락되어 있는 것으로 보이고, 또한 시인이 시대와 '불화'하는 것을 숙명으로 보고 있다는 인상을 받게 됩니다. 하지만 이후 긴 세월 뒤에 완성된 후속작《빌헬름 마이스터의 편력시대》를 읽어보면 괴테의 시야가 넓어졌다는 것을 알 수 있습니다. 이제 작품의 주인공은 영감을 추구하는 시인이 아니라 일상의 삶에 뿌리를 내린 전문의인 외과의사의 길을 걷고 있습니다.

도야를 통한 내면적 조화는 예술적 경험의 순간에나 찾아오는 예외적 사건이거나, 다른 사람들과 함께 이루어가는 조화로운 인간관계와 무관한 것이 아닙니다. 오히려 평범한 일상을 살아가며 조화로운 관계를 위해 애쓰고 선을 행하며 덕을 실천하려는 모든 이에게 주어진 인생의 과제입니다. 이는 닿을 수 없는 이상이 아니라 도달할 수 있는 목표입니다. 이러한 인생의 과제를 잘 수행해서 좋은 삶을 성취하고 행복을 얻기 위해 필요한 것들이야말로 인생의 본질에 해당합니다.

사회적 환경과 타인들에게서 오는 외적인 요구들을 회피하거나 수동적으로 끌려다니는 것이 아니라, 주체적으로 응답해야 합니다. 동시에 눈앞의 일들에만 빠져서 소진되기 전에 자기 자신 안에 조화로운 내면이 자리하도록 돌볼 수 있어야 합니다. 자기 자신을 바라보며 자기 배려를 위한 '조화의 영감'이 필요합니다.

나의 일상에 '조화의 영감'이 때때로 찾아오는지 가만히 살펴봅니다. 자연이 지닌 아름다움, 책들에서 얻는 지혜, 격조 있고 감동적인 예술, 사람들의 아름다운 선행의 마음, 무엇보다 가족과 벗들의 배려와 사랑이 우리 안에 조화가 피어나게 합니다. 어쩌면 우리가 훌륭한 삶을 살고 있는지는 이런 질문으로 요약될지 모릅니다.

'나는 누군가에게 "조화의 영감"이 되고 있는가?'

'조화의 영감'을 위한 음악을 생각하면 당연히 바로크 협주곡의 대가이자 '사계'의 작곡자인 안토니오 비발디(1678-1741)의 '조화의 영감(L'Estro Armonico)'이 가장 먼저 떠오릅니다. 12곡의 협주곡을 모아놓은 모음집입니다. 비발디 자신도 매우 중요하게 생각한 작품이며 암스테르담에서 처음으로 악보가 출판된 후 곧이어 영국과 프랑스에서도 출판될 정도로 일찍부터 사람들에게 높은 평가를 받은 작품입니다. 경쾌함과 너무 무겁지 않고 감미롭게 느껴질 정도로 슬픔의 정서가 잘 어울려있고, 다양한 악기 편성의 협주곡들이어서 바로크 음악이 주는, 듣는 즐거움을 만끽할 수 있는 작품입니다.

비발디 작품 중에서 후대에 가장 많은 영향을 준 작품으로 요한 제바스티안 바흐도 이 작품을 직접 편곡할 정도로 높이 평가했고 이 음악에서 많은 배움과 영감을 얻었다고 전해집니다.

이 작품집의 곡들은 다 좋지만 몇몇 곡들은 특히 유명한데, 개인적으로는 마지막 12번 협주곡에 가장 마음이 갑니다. 유튜브에서 영상으로 볼 수 있는 일 지아르디노 아르모니코Il Giardino Armonico의 연주는 이 음악에 흥미를 갖게 하는 데 충분합니다. 2015년에 뛰어난 바로크 음악 연주가인 레이철 포저Rachel Podger가 '브레콘 바로크Brecon Baroque'와 발표한 음반 역시 이 곡의 진수를 탁월하게 들려줍니다.

사계절의 사나이

조화의 영감이 되는 사람들을 직접 만나는 것은 각별한 체험입니다. 그리고 역사적 인물이나 예술작품의 등장인물 속에서 그런 모습을 대하는 것도 우리가 조화를 추구하는 삶을 살도록 고무합니다. 헨리

8세 치하에서 순교한 영국의 법학자이자 정치가이며《유토피아》를 저술한 문필가였고, 후에 가톨릭교회에서 성인품에 오른 토머스 모어 역시 그러한 인물에 속합니다. 그의 벗이자 위대한 인문주의자였던 로테르담의 에라스뮈스(1466-1536)의 표현을 빌려 토머스 모어의 인품을 '사계절의 사나이'라고 부를 수 있습니다.

에라스뮈스의《격언집(Adagia)》(김남우 옮김, 부북스, 2014)에 나오는 어구입니다. 에라스뮈스의 작품 중에서 가장 유명한 책은《우신예찬》이지만 이 작품 역시 내용이나 양식에서 후대에 많은 영향을 주었습니다. 르네상스 시대 문헌학을 꽃피게 한 인물답게 이 책에서 희랍과 로마 시대에서 유래한 많은 격언들의 출처를 조사하고 그 뜻을 새기고, 또 직접 쓴 서문을 통해 '격언'의 정의와 효용을 일목요연하게 논하고 있습니다. 에라스뮈스는 '사계절의 사나이(Omnium horarum homo)'라는 이전부터 쓰이던 말을 다음과 같이 정의합니다.

진지하면서 동시에 재미있는 사람이면서 다른 이들이 그와 기꺼이 어울려 지내길 바라는 사람을 두고 옛사람들은 사계절의 인물이라고 불렀다.

_ P.86《격언집》

에라스뮈스는 로마 시대 시인인 엔니우스의 시 한 편도 소개하면서 '사계절의 사나이'는 원칙과 유연함을 모두 아우르는 올바르고도 넓고 깊은 인품을 지닌 사람이라는 것을 알려줍니다. 그는 자족할 줄 알고 행복도 누릴 줄 알지만 허영이나 욕심 때문에 악을 향하지 않을 사람이고 재기가 있으면서도 수다스럽지 않고 말할 때와 침묵할 때를 가려 행할 줄 아는 사람입니다.

에라스뮈스가 이 격언을 풀이하면서 토머스 모어를 떠올렸는지는 알려지지 않고 있지만 이 격언이 유명해진 데에는 후세 사람들이 토머스 모어를 존경의 마음으로 '사계절의 사나이'라고 불렀기 때문입니다. 강직하면서도 유머가 풍부했고, 원칙주의자면서도 우애가 있고 사람들과 어울리는 것을 좋아했으며, 공적인 삶에 투신하면서도 가족에게 애틋한 사랑을 가졌고, 인문학자이자 법률가이고, 정치가였지만 동시에 신앙인이었던 토머스 모어에게 참 잘 어울리는 별칭입니다. 후에 영국의 작가 로버트 볼트는 이 제목으로 1960년에 토머스 모어의 생애를 그리는 걸작 희곡을 저술했고, 1966년 아카데미상 작품상을 수상한 프레드 진네만 감독의 명화 역시 이 희곡을 영화화한 〈사계절의 사나이〉입니다.

에라스뮈스가 전해주는 '사계절의 사나이'라는 격언의 뜻과 토머스 모어의 삶과 사상, 신앙을 생각해보면서 조화라는 것은 다양한 얼굴들을 가지고 있다는 것을 느낍니다. 조화는 경직되거나 단조로운 것이 아니라, 삶의 다양한 요소와 변화들이 시간 속에서 익어가고 자라나고 어울려가면서 서서히 그 본모습을 드러냅니다. 그러면서도 계절의 순환처럼 가장 심오한 차원에서 모든 것을 품고 있습니

조화의 영감

다. 사계절의 순리를 생각해보면 인생의 조화가 무엇인지 조금은 더 잘 그려집니다.

'사계절'의 흐름이 가진 의미를 생각하는 명상의 시간에 어울리는 영국의 포크 프로그레시브 그룹인 '마그나 카르타Magna Carta'의 명반인 〈사계(Seasons)〉를 소개하고 싶습니다. 마그나 카르타가 활동했던 초창기이며 동시에 전성기인 1960년대 말과 1970년대 초에 영국에는 여러 젊은 음악인들이 전통 포크송과 록 음악, 클래식 음악을 접목시킨 포크록이라는 장르를 탄생시키고 꽃을 피웠습니다. 이 시기 영국의 포크록 음악들 중에는 여전히 명곡으로 사랑받는 유명한 곡들도 여럿 있지만, 대중적으로는 알려지지 않았어도 보석처럼 아름다운 곡들이 많아서 음악을 찾아 듣는 사람들에겐 숨겨진 보고와도 같습니다. 가끔 시간이 나서 이 시기의 음악들을 발굴하는 작업을 할 때면 마치 나만 아는 풍광이 아름다운 강가의 분위기가 좋은 카페를 찾는 설렘이 있습니다.

크리스 심슨Chris Simpson이 대부분 작곡을 맡았고, 프로그레시브 록 분야 키보드의 대가인 릭 웨이크먼이 객원으로 참여한 마그나 카르타의 〈사계〉는 포크록을 대표하는 명반입니다. 우리나라의 심야 라디오 프로 등에 이 앨범에 있는 아름다운 소곡 '엘리자베스 Elizabethan'가 많은 사랑을 받았습니다. 영국의 포크 음악과 다울랜드*풍의 르네상스 음악을 연상시키는 짧지만 꿈결 같은 곡입니다.

'공항의 노래(Airport Song)' 또한 세계적인 성공을 거둔 노래이지만 이 앨범의 중심은 당연히 20여 분이 넘는 연작인 '사계'입니다. '서곡-겨울 노래-봄의 시-봄의 노래-봄의 노래-여름의 시-여름 노래-가을 노래-종곡-겨울 노래(반복)'로 구성되어 있는 대곡이지만, 그 분위기와 구성은 웅장하기보다는 오히려 조촐하고 따뜻하며 시적입니다. 간간이 삽입된 비트 있는 록적인 대목들도 곡을 극적으로 하기보다는 차분한 곡의 분위기를 이어가며 섬세하면서도 다채로운 색채를 입히고 있습니다.

음반을 듣다 보면 르네상스 시대 영국의 음유시인이 인생과 자연을 관조하며 노래하는 듯한 분위기를 느낄 수 있는데, 때로는 이러한 음악들이 우리 안에 기다림과 희망의 미덕을 키워주는 것 같습니다. 대곡의 주제를 이끄는 '겨울 노래'를 듣고 있으면 한 해의 마지막에 겨울의 풍경을 육신의 눈으로 바라보며 마음의 풍경을 살피는 시인의 잔잔한 낭송이 마음을 감싸줍니다.

봄을 준비하는 겨울에 그러하듯 인생을 '순례자'로서 때로는 모든 것을 내려놓고 헐벗은 시간을 인내하는 것은 고될 수도 있지만, 어쩌면 조화로운 사람이 되기 위해 배워야 하는 인생의 작업일지도 모릅니다.

---

*　　　다울랜드_ 영국 르네상스 음악의 대표주자 존 다울랜드를 일컬음.

　　　　　　　　　　　　　　　　　　　　　조화의 영감

파리의 노트르담

빅토르 위고의 《파리의 노트르담》

'대성당'이라는 말을 듣게 되면 '고딕 대성당'이 연상되고, 그중에서도 가장 먼저 떠오르는 성당은 역시 '파리의 노트르담'입니다. '노트르담notre dame'은 프랑스어로 '우리의 귀부인', 즉 성모님을 의미합니다. 하느님을 경배하는 곳인 성당은 각기 '수호성인'을 가지고 있습니다. 모든 성당은 존경하는 성인과 깊은 관계를 맺고 그 성인의 기도와 보호를 청합니다. 로마의 바티칸 대성당이 '성 베드로 성당'이라고 불리는 것처럼 말이지요.

파리의 대성당은 성모님에게 봉헌되었기 때문에 '파리의 노트르담'이란 이름을 가지고 있습니다. 성모 마리아는 모든 세대에 걸쳐 전 세계 가톨릭 신자들이 모든 이의 어머니로서 공경합니다. 다른 성인들과 비교할 수 없이 고귀한 분이자 헤아릴 수 없는 많은 사람들이 성모님을, 도움을 청하는 이들을 자애로이 돌보시며 하느님 바로 곁에서 대신 청해주시는 분으로 믿고 기도하고 의지했기에 수많은 성당들이 성모님에게 헌당된 것은 자연스러운 일입니다. 그중에서도 프랑스는 프랑스 혁명 전까지는 '교회의 맏딸'이라 불리며 중세 이래 유난히 성모님에 대한 사랑과 신심이 강한 지역이어서 여러 중요한 대성당들이 '노트르담'이라는 이름을 가지고 있습니다.

'파리의 노트르담'을 가장 유명한 대성당이 되게 한 데에는 작가 빅토르 위고(1802-1885)의 역할이 큽니다. 계몽정신과 인간애가 투철했던 작가 빅토르 위고는 소설《파리의 노트르담》(성귀수 옮김, 작가정신, 2010)에서 콰지모도와 에스메랄다, 프롤로 같은 등장인물들의 사랑, 욕망, 갈망을 둘러싼 비극을 그리며 당시 사회의 부패와 우매함, 폭력성에 대해 가차 없이 비판하고 있습니다.

15세기 말을 배경으로 인물들의 이야기와 사회 상황에 대한 묘사도 흥미진진하지만, 사실 빅토르 위고의 이 대작은 대성당이 가지는 상징성과 사회적 의미를 담고 있어 그 깊이가 더해집니다. 위대한 대성당 '파리의 노트르담' 자체가 이 작품의 '주인공'입니다. 이 책의 3부 전체는 아예 '파리의 노트르담' 대성당의 건축사와 건축기법, 상세한 건축적, 미술적 요소들에 대한 설명과 노트르담 대성당을 중심으로 바라보는 파리의 전망에 대한 묘사에 할애되어 있을 정도입니다.

위고가 겨우 넉 달 정도의 기간 동안 가히 엄청난 속도로 홀린 듯이 이 장편소설을 완성해서 1891년 1월에 내놓았을 때 당대 반응은 폭발적이었습니다. 소설의 대중적 성공은 유럽 전역에서 이 대성당을 향한 순례의 물결을 일으켰고, 프랑스 혁명 시 심각한 파괴를 입은 후에 여전히 훼손된 부분이 방치된 것에 대한 안타까움을 불러왔습니다. 위고 자신이 소설의 머리말에서 이에 대해 분노와 탄식을 표현하고 있습니다.

이미 200여 년 전부터 중세의 경이로운 성당 건물들이 이런 식의 대접을 받아오고 있다. 안팎으로 온갖 훼손이 자행되고 있는 것이다. 사제들이 덧칠을 가하고, 건축가들이 닥치는 대로 긁어내고 나면, 민중이 몰려와 허물어뜨리고 만다.

_P.8《파리의 노트르담》

소설의 인기는 마침내 이 성당에 대해 대대적인 복원과 수리 작업을 시작하게 했습니다. 중세 건축에 매혹되었던 건축가이자 작가인 비올레 르 뒥Eugène Viollet-le-Duc(1814-1879)이 서른 살의 나이에 중책을 맡아 끝까지 이끌었고, 20여 년의 공사 끝에 '파리의 노트르담' 대성당은 웅장하고 아름다운 모습을 다시 찾게 되었습니다.

대성당들의 시대

오늘 우리에게는 위고의 소설보다는 그 소설을 바탕으로 전 세계적으로 엄청난 성공을 거둔 프랑스 뮤지컬 〈파리의 노트르담(Notre Dame de Paris)〉(1998년 초연)이 더 친숙합니다. 우리나라에서도 큰 사랑을 받는 뮤지컬이고, 주인공을 맡은 프랑스의 뮤지컬 배우들에게는 많은 팬들이 있고 현지 공연 팀이 내한 공연을 할 때마다 큰 화제가 되었습니다. 우리 음악인들에 의한 공연들 역시 수준이 높고 호응이 컸습니다. 코로나 시대에 살다 보니 이렇게 큰 규모의 공연을 보는 것은 좋았던 옛 추억처럼 되어버려 안타깝습니다. 사람들이 설레면서 〈파리의 노트르담〉 공연장을 찾는 때가 다시 오기를 희망합니다.

이 작품은 시작부터 사람들을 사로잡습니다. 웅장한 서곡에 이어지는 주제곡인 '대성당들의 시대(le temps des cathédrales)'가 감탄을 자아냅니다. 장중하고 애절한 멜로디에 실린 의미심장한 노랫말이 뮤지컬 전체의 품격을 높여줍니다. 이 곡은 위고의 원작이 간직한 대성당의 상징성을 관객에게 환기시킵니다. 뮤지컬에서 이야기를 끌어가며 음유시인의 역할도 하고 있는 그랭구아르가 노래하고 있는데, 가사 중에 이런 대목이 인상적입니다.

철학자의 음악서재, C#

대성당들의 시대가 찾아왔어

이제 세상은 새로운 천 년을 맞지

별에 닿고 싶은 인간은 유리와 돌 위에 그들의 역사를 쓰지

이 가사가 암시하듯이 '대성당들의 시대'는 신을 경배하는 시대였던 것만이 아니었습니다. 치열하게 인간을 탐구하는 시대였습니다. 놀랍게도 '인문주의'는 고딕 시대 대성당의 근본정신에 속합니다.

우리가 고딕 대성당을 생각할 때 압도적이고 초월적인 종교적 분위기를 먼저 떠올리게 되는데, 사실 거대한 규모의 성당 축조에는 신앙심만이 아니라 도시화의 진행과 산업 구조의 변혁, 기술상의 도약을 필요로 했습니다. 고딕 성당은 더 이상 수도자들이나 소박한 농촌을 위한 성당이 아니라 다양한 사람들이 함께 살며, 끊임없는 변동을 겪고 있었던 도시의 산물이었습니다. 대성당은 도시의 심장에 자리하며 모든 계층의 사람들을 맞아들인 '하느님의 집'이었습니다.

전 세계적인 베스트셀러 작가 켄 폴릿은 대성당의 역사와 기법에 대한 꼼꼼한 연구를 바탕으로 이야기꾼으로서의 놀라운 능력을 발휘하며 1989년에 장편소설 《대지의 기둥》(전 3권, 한기찬 옮김, 문학동네, 2010)을 완성했습니다. 이 책은 전 세계적으로 엄청난 부수가 팔리고 독자들로부터 열광적인 반응을 얻은 그의 가장 큰 성공작입니다. 작가 자신도 자신이 가장 공을 들인, 자신이 쓴 최고의 작품이라 꼽고 있습니다. 그는 이 소설에서 중세시대 사회에서 대성당을

파리의 노트르담

건설하는 것이 얼마나 중요한 의미를 지녔고, 한 도시에 대성당이 건설될 때 얼마나 다양한 계층 사람들의 강한 열망이 담기는지를 실감나게 보여주고 있습니다. 고딕 건축에 신을 향한 '수직적' 구조만이 담겨있고 신분제 사회와 교회의 위계 제도를 그대로 옮겨놓은 것이라고 비판하는 것은 과장되고 일면적입니다.

　고딕 성당에는 모든 계층 사람들의 일상의 기쁨과 슬픔, 삶의 고단함과 희망이 곳곳에 담겨있습니다. 종종 유럽의 중세를 정체된 암흑기로 오해하는 경우를 봅니다. 하지만 중세가 긴 시간에 걸쳐 유럽의 모습을 바꾼 역동의 시대였다는 평가가 이미 역사학자들에게는 오래전부터 받아들여지고 있습니다. 중세는 종교적 관심사에만 쏠려있던 시대이기만 한 것이 아니라 도시화나 직업의 분화 같은 근대를 가능하게 한 사회적 변동이 본격화되고 학문과 예술에서도 점차적으로 고대 그리스·로마 시대의 전성기에 비견할 수 있는 수준까지 발전한 시기였습니다.

고딕 대성당은 종교성과 세속성이 이상적으로 만난 장소이며 중세의 찬란한 문화를 상징합니다. 프랑스의 유명한 중세문화사가 조르주 뒤비의 주저가 《대성당들의 시대– 예술과 사회: 980년에서 1420년(Les temps de cathédrales. L'art et la société, 980-1420)》(1976)라는 제목을 달고 있는 것은 우연이 아닙니다. 뒤비에게 '대성당'은 중세 전성기 문화를 의미하며, '대성당'이란 무엇보다도 고딕 양식의 대성당을 말합니다.

12세기 프랑스의 생 드니 대성당을 시작으로 파리와 샤르트르의 노트르담 성당, 루앙, 랭스의 대성당과 영국의 솔즈베리, 링컨의 대성당들이 14세기까지 이어지는 중세의 찬란한 종교 문화를 수놓습니다. 하늘로 향하는 첨탑과 빛을 찬란히 쏟아지게 하는 색유리와 자연과 인간사의 온갖 면모를 담은 조각들로 표현되는 고딕 건축의 미학은 그 시대의 종교성을 반영하고 신학적, 정신적 깊이를 담고 있습니다. 고딕 대성당은 인간의 품위를 고양시키는 인문주의와 절대적 초월을 향하는 종교적 갈망의 상호작용을 정신과 감각의 차원에서 포괄합니다.

고딕 양식의 미학과 신학

고딕 양식은 고대의 바실리카 양식과 초기 중세까지의 로마네스크 양식에 이어 11세기부터 교회 건축의 중심이 됩니다. '대성당의 시대'는 고딕 양식의 맹아기에 시작되고, 고딕 양식의 전성기에 그 정점에 이릅니다. 고딕 양식이 대성당 건축에 적용되기 위해서는 신학적, 미학적인 사고 전환이 필요했습니다.

그 이전 시토회를 중심으로 정립된 로마네스크 건축 양식의 미학과 신학은 침묵과 경건함, 정신적 침잠을 중시했고, 이에 따라 성당 안에 화려한 미술 작품을 두거나 빛을 전폭적으로 받아들여 성전 내부를 밝게 하는 것을 주저했습니다. 이것이 물론 로마네스크 양식의 수도원들이 미적인 아름다움을 결여하고 있다는 뜻은 아닙니다. 시토회의 창시자이며 그 영성을 대표하는 중세시대의 대 신비가인 클레르보의 성 베르나르도가 부르고뉴에 세운 수도원들과 그 전통을 이어받은 프로방스와 피레네 지방의 수도원들은 로마네스크 양식 수도원의 특징인, 고결한 아름다움을 탁월하게 간직하고 있습니다. 시토회라는 명칭이 유래한 시토Citeux 수도원, 당시의 상태가 가장 잘 보존되어 있는 퐁트네Fontenay 수도원, 보다 후기에 세워진 프로방스에 위치한 아름다운 수도원들인 세낭크Senanque, 실바칸 Silvacane, 르 트로네Le Thronet 등이 그 예입니다.

로마네스크 건축의 걸작 수도원 성당들을 방문하는 이들이 받는 감동은 오늘날에도 바래지 않습니다. 아름다운 로마네스크 성당에 발을 들이게 되면 순례자들은 시간의 바깥으로 나와 영원의 세계로 초대된 느낌을 받습니다. 세속에서 체험할 수 없는 깊은 고요와 평화가 흐르며 사람들은 깊은 위로를 얻습니다. 고결한 아름다움은 단지 겉모습이 아니라 명상과 종교적 수련, 기도와 자발적 가난이라는 수도승들의 삶과 조응합니다. 전례와 일상의 공간 곳곳에 담긴 수도 영성을 건축 양식이 눈으로 보이게끔 고요하게 형상화합니다. 로마네스크 교회 건축의 본질은 단순하면서도 풍요로운 침묵이라고 말할 수 있습니다.

로마네스크 교회 건축이 그리스도교 종교성이 가진 아름다움을 잘 표현하고 있음에도 고딕 건축이라는 새로운 양식이 필요했던 것은 시대가 변했기 때문입니다. 문화와 산업이 발달하고 도시가 확대되면서 종교 역시 변화된 인간사를 품어야 했습니다. 세속과 거룩함이 만나는 장으로서 '대성당'이 필요한 시기가 도래한 것입니다.

로마네스크에서 고딕으로 넘어가는 데는 건축술의 발전과 사회구조적 변화만이 아니라 신학적 사고와 미적 감수성의 전환 역시 큰 역할을 했습니다. 중세 전성기의 철학과 신학의 핵심에는 당시로는 획기적이었던 아리스토텔레스 철학을 받아들인 '존재론'이 있습니다. 이러한 변화와 관점은 감각적 아름다움을 지닌 성당의 예술품들이 신적이고 초월적인 아름다움을 향하는 구도적 정신을 방해하는 것이 아니라 오히려 북돋아주는 것으로 바라보게 됩니다.

새로운 철학과 신학을 통해 고딕 건축의 미학은 근거를 부여받을 수 있었습니다. 고딕 성당 안에 빛과 색채가 환하게 빛나고, 살아 움직이는 것 같은 조각들로 가득한 것은 허영과 사치, 인간적 재주나 과한 예술적 자의식의 결과가 아니라, 하느님의 영광과 아름다움을 드러내고 모든 사람들이 신의 은총을 느끼는 종교적 체험에 봉사하는 것이라는 생각이 점차 교회 안에 퍼져나갔습니다.

고딕 건축의 신학을 정립하고 옹호하며 기술적, 행정적 영민함으로 고딕 대성당의 건축을 실제로 추진한 인물이 수도원장 쉬제르

Suger(1081-1151)입니다. 쉬제르의 지휘 아래 고딕식으로 재건된 생-드니 대성당이 헌당식을 가진 1137년은 고딕 대성당이 그 영광의 시대를 시작한 시점입니다. 쉬제르는 로마네스크 양식을 고집하며 고딕 양식이 포용하고 있는 세속성을 비판한 클레르보의 성 베르나르도에 반대하며 고딕 양식의 경건성을 옹호했습니다. 쉬제르는 고딕 성당을 위한 신학적 변론을 이렇게 요약합니다.

"정신은 감각적 물질을 통해서 참된 진실을 향해 들어 높여질 수 있다(Mens hebes ad verum per materialia surgit)."

존재의 빛과 고딕의 인문주의

고딕 대성당을 상징하는 것이 색유리화입니다. 고딕 건축은 하늘에서 오는 찬란한 빛이 사람들에게 닿을 수 있는 것을 무엇보다 중요시했습니다. 빛은 언제나 보이지 않는 하느님, 그리고 하느님 은총의 보이는 표지였습니다. 빛으로 향하는 것은 내면에 지닌 신앙심의 표현입니다. '빛의 아름다움'에 대한 추구는 후기 고대 철학의 중요한 경향인 신플라톤주의에서도 중심주제였지만 고딕 건축과 미술을 통해 신학적으로 완벽하게 자리하게 됩니다. 오스트리아의 미술사가 세들마이어H.Sedlmayr(1896-1984)는 고딕 성당의 '빛의 미학'을 하느님을 뵙고자 하는 '종교적 염원'과 연결합니다(Luminismus plus

Wunsch nach Schau).

고딕 대성당이 세상 만물이 보이게 하는 자연적 빛의 찬란함 그 자체를 목적으로 하는 것은 아닙니다. 자연적 빛을 매개로 해 신앙인이 육신의 눈으로는 보이지 않는 '존재의 빛'과 만나는 것입니다. 고딕의 정신적 원리를 요약하자면, '존재의 빛의 아름다움을 알아보는 것'입니다. 존재의 빛은 하느님에 관한 가장 탁월한 상징입니다. 모든 것을 넘어서되 모든 것을 비추는 존재의 빛 안에 머물고, 바라보고자 애쓰는 이는 마침내 세상 모든 존재자들의 아름다움을 체험하게 됩니다. 이는 모든 피조물들의 고유한 존재 의미를 깨닫고 사랑하는 마음으로 이어지게 됩니다.

이처럼 존재하는 모든 것들의 아름다움을 만난다는 것은 그 안에서 신의 아름다움을 우러르는 것이며, 미소한 것들 안에까지 깃들여 있는 생명의 아름다움을 깨닫는 것이기도 합니다. 존재의 빛을 향한 갈망은 신학적 형이상학에 갇혀있는 것이 아니라 모든 인간의 구원과 행복을 향하는 '인문주의'로 나아가게 됩니다.

고딕 대성당은 여러 가지 면에서 당시 스콜라철학과 신학이 전성기에 이르면서 나타나기 시작한 철학과 신학의 '대전大典(Summa)'과 비견할 수 있습니다. 이러한 양식의 대표적 신학 명저가 중세 철학과 신학의 최전성기인 13세기 말에 나타난 그 유명한 토마스 아퀴나스의 《신학대전(Summa theologiae)》입니다. 여기서 자세히 다루기는 어렵지만 고딕 대성당의 건축적 요소가 이 '대전'의 면모를 가지고 있다는 것은 미술사와 건축사 안에서 매우 흥미로운 연구 주제입니다.

사람들은 일찍부터 중세 스콜라철학과 고딕 건축의 유사성에 주목했는데, 이를 학문적으로 해명하는 데 결정적 돌파구를 연 것은 독일 출신의 유대계로서 나치를 피해 미국에서 주로 활동한 현대 도상학의 선구자인 에르빈 파노프스키Erwin Panofsky(1892-1968)입니다. 이 주제에 관한 저서인《고딕건축과 스콜라철학》(김율 옮김, 한길사, 2016)은 이 분야에 있어 현대의 고전으로 인정받고 있습니다.

중세 전성기의 고딕 건축과 미술, 그리고 '대전'을 창조해낸 신학은 신에 의해 빚어진 창조물인 인간을 포함한 모든 지상 위 존재자들이 창조의 근원인 하느님에게서 오는 빛 안에서 영광을 입게 된다는 것을 확신합니다. 신에게서 오는 존재의 빛은 인간과 피조물들의 신음과 기쁨을 몰라주는 것이 아니라 더없는 사랑과 자비를 통해 구원하는 빛입니다. 고딕 성당 안을 채우는 빛은 인간에 대한 자비를 상징합니다. 사람들은 고딕 대성당 안에서 가장 큰 죄인에게도 빛이 닿고 있음을 깨달으며 위로받습니다. 조각들 역시 연민의 얼굴을 지니고 있습니다.

그리스도교 인문주의의 진면목은 자비의 얼굴에 있습니다. 로마네스크 양식과 고딕 양식에 정통한 미술사가 앙리 포시용(1881-1943)은 그의 고전적 명저《로마네스크와 고딕》(정진국 옮김, 까치, 2004)에서 고딕 건축이 지닌 인간에 대한 관심을 잘 지적하면서 '고

철학자의 음악서재, C#

덕 인문주의'라는 표현을 씁니다. 그는 로마네스크 시대 수도원 건축에 나타나는 조각이 신앙의 표현이라면 고딕 성당 안의 조각들은 연민의 표현이라고 평가합니다.

'파리의 노트르담'과 음악

2019년 4월 15일 파리의 노트르담 대성당에서 큰 화재가 일어납니다. 중앙의 첨탑을 비롯해 많은 부분이 피해를 입었습니다. 꺼지지 않은 화염과 연기가 둘러싸고 있는 대성당의 모습은 전 세계로 중계되었고 세계인들에게 경악과 슬픔을 느끼게 했습니다. 수많은 파리 시민들이 울먹이고 안타까워하며, 말을 잊은 채 시테 섬에 모여 노트르담 대성당을 바라보는 장면은 무어라 표현하기 어려운 감정을 일으켰습니다. 유럽 문명에 대한 종말의 전조가 스쳐간다는 감상에 빠지게도 됩니다.

하지만 시민들이 함께 성가를 부르는 모습을 보면서는 잿더미 같은 절망에서 희망이 다시 시작된다는 것을 실감하고 뭉클한 감동을 느꼈습니다. 다행히도 완전히 성당이 무너질 정도로 화재가 번지지는 않았고, 프랑스 정부는 성당의 복구를 국가적 사업으로 선언했습니다. 여러 해가 걸리기는 하겠지만 빅토르 위고의 시대가 그러했듯이 우리 시대에도 이 대성당이 그 아름다운 모습을 다시 찾으리라

기대합니다.

'파리의 노트르담'에 일어난 뜻밖의 재난에 안타까워하다가 이 대성당의 전례 시간을 아름답게 채웠을 음악을 생각합니다.

파리의 노트르담 대성당은 생 드니 대성당에 자극을 받아 1163년에 쉴리Maurice de Sully(1196†) 주교의 주도로 옛 성당을 대신할 고딕 성당으로 건축이 시작되었습니다. 유명한 장미창과 두 개의 정면 기둥 등 대성당의 대부분이 완성된 것이 1260년이니 쉴리가 꿈꿨던 대성전의 건축은 두 세기에 걸친 길고 긴 과정이었습니다. 그리고 공식적인 완성은 그 이후로도 백 년 가까운 세월이 흐른 후였습니다.

고딕 대성당에 어울리는 음악이라면 당연히 우주적 음향을 가진 오르간 음악과 장엄한 다성 합창을 떠올리게 됩니다만, 사실 노트르담 성당이 착수되고 완성된 시기에는 아직 우리가 기대하는 대형 오르간은 없었습니다. 오르간의 원리는 이미 고대 그리스 시대부터 알려졌지만, 중세까지는 소규모의 이동식 오르간만이 쓰였습니다.

르네상스 이후에나 웅장한 음향과 크기를 가진, 교회 건축에서 빼놓을 수 없는 요소인 붙박이 오르간이 나타난다고 합니다. 또한 중세 전성기가 지나야 다성음악이 본격적으로 발전했기에 노트르담 성당이 지어질 당시에는 오늘날 우리가 전례 음악이라고 하면 떠올리는 여러 성부가 어울리는 합창은 아직 등장하지 않았을 것입니다.

철학자의 음악서재, C#

본격적인 다성음악으로 미사 전례 전체를 담은 최초의 미사곡은 프랑스의 시인이자 작곡가 기욤 드 마쇼(1300-1377)가 1360년경 작곡한 것으로 추정하는 '노트르담 미사(Messe de Nostre Dame)'입니다.

주목할 사실은 종교음악의 발전에서 '파리의 노트르담'이 음악사에 남긴 중요한 흔적입니다. '노트르담 학파(L'École de Notre-Dame, 1160-1250)'에 속하는 음악가들은 파리의 노트르담 성당을 중심으로 활동하며 서양 종교음악의 발전에 큰 역할을 합니다. 서양에 처음으로 다성음악을 소개한 사람들이기도 한데, 그레고리오 성가에 비교적 단순한 화음을 도입한 이들의 음악적 기법과 양식을 '오르가눔'이라고 부릅니다. 이들의 음악은 기욤 드 마쇼 등에 의한 본격적인 다성음악을 일컫는 '신음악(아르스 노바ars nova)'과 비교해 '옛음악(아르스 안티쿠아ars antiqua)'이라고 불립니다. 아마도 오늘날 그레고리오 성가를 제외하고 감상 음악으로서의 서양음악 중 가장 오래된 음악일 것입니다.

12세기에 활동한 레오냉Léonin과 페로탱Pérotin은 노트르담 학파를 대표하는 인물입니다. 그중에서도 특히 페로탱은 '대 페로탱(Magister Perotin)'으로 불릴 만큼 위대한 업적을 음악사에 남겼습니다. 페로탱의 음악은 20세기 중반 고음악에 대한 연구와 연주의 부흥기가 오면서 다시금 음악애호가들의 관심을 끌게 되었습니다. 고음악을 대중화하는 데 결정적 역할을 한 영국 출신의 요절한 천재인 데이빗 먼로우David Munrow(1942-1976)가 이끄는 '런던 고음악 콘소트'를 비롯한 여러 연주자들을 통해 페로탱의 음악이 얼마나 아름답고 신비하며 현대인에게도 영감을 줄 수 있는지가 알려졌습니다.

페로탱의 음악을 듣다 보면 오늘날 가장 영향력이 큰 음악사조 중 하나인 '미니멀리즘'과도 통한다는 느낌을 받게 되는데, 실제로 미니멀 음악의 중요한 인물인 스티브 라이히가 페로탱의 음악에 영향을 받은 것으로 알려져 있습니다. 먼로우의 '고음악 콘소트'가 페로탱의 음악을 소개한 이후 긴 세월 동안 페로탱의 곡들에 대한 좋은 음반들이 꽤 여럿 나와 있습니다. '델러 콘소트', '올란도 콘소트', '힐리어드 앙상블' 등의 음반을 그 예로 들 수 있습니다.

페로탱의 음악 중에서 가장 잘 알려진 곡이자 신비로운 분위기에 깊은 감동을 받게 되는 작품이 성탄에 어울리는 마리아 찬가인 '복되신 성모(Beata viscera)'입니다. 미사 전례 외의 곡 양식을 뜻하는 '콘둑투스conductus' 중에서 가장 유명한 곡입니다. 무반주 고음악 성악 연주에 독보적 명성을 지닌 '힐리어드 앙상블'의 음반으로 들으면 그 탁월함에 감탄하고 천 년에 가까운 시간의 간격을 넘어 그 매력에 빠져들게 됩니다. 어느덧 전문적 고음악 연주 단체만이 아니라 일반 합창단이나 성악가들도 즐겨 부르는 곡이 되었고 때때로 영화에 쓰이기도 하는 곡이 되었습니다. 현대인들에게 그레고리오 성가와는 또 다른 중세 음악의 맛을 알려준 곡인데, 페로탱의 음악에 접근하는 더없이 좋은 시작이 될 수 있습니다.

근대 이후 '파리의 노트르담'은 역시 파리에 위치한 생쉴피스 성당과 함께 프랑스 오르간 음악의 중심지가 되었습니다. 이곳의 수석 오르가니스트라는 자리는 오늘날에도 오르간 연주가들에게 가장 큰 영예 중 하나입니다. 역대 오르가니스트의 이름을 보면 오르간 작곡과 즉흥 연주에 큰 업적을 남긴 이름들을 볼 수 있습니다. 유명한 오르간 작곡가로서 프랑스 오르간 음악을 대표하는 루이 비에른Louis Vierne(1870-1937)이 1900년부터 자신이 죽는 해까지 긴 기간 동안 노트르담 대성당의 수석 오르가니스트로 봉직했습니다. 이 시기에는 잠시 유명한 작곡가이자 오르가니스트인 모리스 뒤뤼플레 Maurice Duruflé(1902-1986)가 부 오르간 주자로 있기도 했습니다.

비에른 사후 피에르 코슈로Pierre Cochereau(1924-1984)가 1955년에 수석 오르가니스트에 올라 역시 세계적인 명성을 얻으며 노트르담 성당의 오르간 음악의 뛰어남을 연주와 음반들을 통해 널리 알렸습니다.

'파리의 노트르담'에서 울리는 종교 음악의 아름다움과 웅장함을 감상하기 좋은 음반은 노트르담 대성당 성당합창단과 반주단의 연주와 노래, 피에르 코슈로의 오르간 연주를 녹음한 실황 음반인 〈'파리의 노트르담'에서의 장엄 전례 음악(Grandes heures liturgique a Notre-Dame de Paris)〉입니다.

1973년에 LP로 발매되었고 1990년대에 다시 CD로도 발매되었습니다. 콘서트 목적이 아니라 장엄한 전례에서 연주한 것을 녹음한 것이기에 경건함과 종교적 감흥이 잘 전해집니다. 오르간 즉흥 연주, 그레고리오 성가, 르네상스 종교곡과 대중들을 통해 전해진 소박한 성가 등 다양한 전례 음악을 들으며 따뜻함과 웅장함을 함께 느낄 수 있습니다. 특히 오르간 전주와 간주, 합창단을 위한 그레고리오 성가의 편곡으로 하느님을 향한 가장 큰 찬미의 기도인 '테데움 Te Deum'을 연주하고 있는데, 듣는 이에게 벅찬 감동을 줍니다.

이 음반이 주는 또 다른 기쁨은 유명한 '파리의 노트르담'의 종소리를 들을 수 있는 점입니다. 파리의 노트르담 대성당에 있는 열 개의 종들은 예로부터 명성이 자자했습니다. 프랑스 혁명을 거쳐 나폴레옹이 주도한 '세속화'의 시대를 거치면서 성당은 많은 피해를 입었고 대부분의 종들은 대포를 주조하기 위해 녹여졌습니다. 다행이 주종이며 가장 큰 남쪽 탑의 종은 화를 피했습니다. 이 종은 '주님께서 함께 계신다'는 의미이자 성탄의 신비를 뜻하는 '임마누엘'이라고 불립니다. 1685년에 제작된 이래 프랑스에서 두 번째로 큰 종이자 가장 아름다운 소리를 가진 종으로 사랑받습니다.

그 후 성당의 긴 복원 과정에서 나머지 종들도 다시 제작되어 옛 자리를 찾았습니다. 노트르담의 각 종들은 모두 성인의 이름을 따서 불리고 있으며, 각각의 종은 서로 다른 음을 냅니다. 특별한 때 각 종들을 함께 울리며 연주(카리용carillon)를 하기도 합니다. 소개한 음반에는 전례 음악이 시작하기 전에 북쪽 탑의 종소리와 '임마누엘'의 종소리를 들을 수 있고 음반의 마지막에는 종들이 함께 울리는 소리를 들을 수 있습니다.

파리의 노트르담 대성당이 불행한 화재로 크게 손상을 입은 지도 한
해가 훌쩍 지나갑니다. 그곳에서 몇 번 대축일 전례에 참여해본 적
이 있어서 더 마음이 무겁습니다. '파리의 노트르담'에 일어난 불행
은 마치 어둡고 전쟁과 갈등이 가득한 세상의 징표같이 보였습니다.

어서 빨리 복구되어서 찬란한 빛 속에서 울리는 오르간과 합창
소리를 다시 듣고 싶습니다. 아마 그 시간은 모든 인류가 어둠을 딛
고 새로운 미래를 희망하는 시간이 될 것 같은 예감입니다.

파리의 노트르담

바다의 철학, 바다의 음악

마레 노스트룸

바다와 철학 사이에는 친화력이 있습니다. 이 말이 이상하게 들릴지도 모르겠습니다. 바다는 우리의 감각을 깨우지만, 철학은 사유이기에 감각이 가라앉고 조용해질 때 비로소 가능해지는 것이라 생각할 수도 있으니까요. 그러나 감각과 사유가 반대된다고 생각하는 선입관은 버리는 것이 좋습니다. 눈이 시릴 정도로 푸른 바다의 색깔을 보거나, 거대하게 치고 올라왔다가 포말로 장엄하게 사라지는 파도를 만날 때, 바닷가에서 먼 곳에서부터 들려오는 폭풍우 소리를 들을 때, 평온해진 잔잔한 바다 수면 위에 물결치듯 빛나는 햇살이 눈으로 들어올 때, 감각만이 설레며 깨어나는 것이 아니기 때문입니다. 상상력과 사유 역시 살아납니다.

철학은 감각 세계에서 벗어날 때 시작되는 것이 아니라 감각과 사유와 상상력이 유기적인 질서 속에서 생성될 때 태어납니다. 이것이 정신의 힘입니다. 감각적 매혹은 '철학의 시간' 속에서 격동의 에너지로 산발되는 대신, 고요한 침묵과 관조를 통해 우리 내면에 자리를 잡고 존재를 풍요롭게 만듭니다. 존재의 충만함은 우리에게 건강한 감각을 통해 세계를 만나고 인식하고 느끼도록 이끌어 줍니다. 그리고 사실 고대 그리스 철학을 살펴본다면, 바다는 철학의 뿌리이기도 합니다.

탈레스는 최초의 철학자로 일컬어지는 인물입니다. 그가 만물의 시원을 '물'이라고 말했습니다. 그 이유는 정확히 알려지지 않지만 아마도 생명력과 변화의 다양성이 물의 속성이기 때문일 것입니다. 그리고 바닷가의 도시에서 살았던 그에게 바다는 사유의 기반이었고, 바다를 골똘히 바라보며 바닷가를 걷곤 했을 그가 우주의 기본 원리로서 물을 생각했다면 우연은 아닐 것입니다.

  탈레스는 기원적 6세기경의 인물로 고대 그리스의 '일곱 현자' 중 한 명으로 꼽힐 정도로 지혜로운 사람으로 칭송을 받아온 사람입니다. 그가 단지 '현인'이 아니라 '철학자'라 불리는 이유는, 변화하는 자연의 근본 '원리(아르헤)'를 신화가 아니라 이성적 설명을 통해 밝히려 했기 때문입니다. 오늘날의 과학적 지식으로 보면 우스워보일지 모르지만 그가 새로운 방향으로 내디딘 한 발자국이 긴 역사를 통해 이토록 풍성한 철학과 학문의 결실을 내게 한 것이기에 존경을

철학자의 음악서재, C#

받을 만합니다.

탈레스가 '철학자'로 불리는 것이 갖는 큰 의미를 잘 정리해주는 이가 후대의 철학자인 아리스토텔레스입니다. 그는 일상적인 일에서 능숙하고 지혜로운 '현인'과 다른, 각별한 의미로 '지혜를 사랑하는 사람(필로-소포스)'인 철학자란 어떤 이들인지 전해줍니다. 그들은 실용적이거나 실제적 목적이 아니라 오로지 앎과 인식 자체에 대한 호기심과 갈망에 따라 세계와 우주의 생성 변화를 이성적으로 설명하려 시도하는 사람이며, 이론적 관조(테오리아)를 자신의 최고의 활동으로 삼는 사람입니다.

아리스토텔레스는 탈레스야말로 '철학자'란 이름에 어울리는 최초의 인물이라고 말합니다. 탈레스가 별을 관찰하다가 발밑의 웅덩이를 보지 못하고 빠져서, 변방인 트라키아에서 온 노예 소녀에게 비웃음을 샀다는 이야기를 아리스토텔레스가 전해줄 때, 이는 탈레스에 대한 비난이 아니라 오히려 탈레스를 참된 철학자로 인정하는 칭송입니다.

탈레스를 비롯한 소크라테스 이전의 철학자들은 무엇보다 '자연(피지스)'을 관찰하고 사유하며 그 원리를 탐구했기에 '자연철학자'라고 불립니다. 서양철학의 시작은 자연철학입니다. 탈레스와 그 이후에 출현한 아낙시메네스, 아낙시만드로스 등의 자연철학자들은 현재 터키에 속하며 당시는 그리스의 이주지(속주)였던 소아시아 지방의 이오니아 반도에 있는 항구도시 밀레토스 출신입니다. 항구도

　　　　　　　　바다의 철학, 바다의 음악

시로 교역이 활발한 가운데 학문을 위한 '여가'라는 경제적 토대가 형성되었고, 개방적 사고가 가능했던 사회·경제적 조건도 있었겠지만, 강렬한 태양 아래 선명하게 빛나는 바다가 그들에게 준 영감도 컸으리라 생각합니다.

서양철학에서 오랫동안 그 주된 무대는 바다를 끼고 있는 도시였습니다. 고대 그리스·로마 시대를 통해 철학의 중심지는 밀레토스와 시칠리아, 엘레아와 에페소, 무엇보다 아테네와 로마였고, 이들 모두가 항구도시, 또는 바다를 가까이 하고 있는 도시였다는 것은 인상적인 사실입니다. 그리고 이 도시들은 모두 넓은 의미에서 지중해에 닿아있습니다. 지중해는 유럽인들 삶의 터전이기만 한 것이 아니라 문화적, 학문적 수원이기도 합니다. 서양철학은 적어도 고대 철학에만 국한해서 보자면 '지중해의 철학'이라고 하겠습니다. 바다와 철학은 그래서 뿌리에서부터 연결되어 있습니다.

서양인들은 지중해를 '우리들의 바다(Mare nostrum)'라고 불렀습니다. 서양의 문화를 관통하여 이해하고 싶다면, 지중해에 대해 잘 알아보면 좋을 것입니다만 그 전에 '마레 노스트룸'에 관한 음악을 듣는 것도 기꺼운 도락이리라 생각합니다.

카탈루냐 지방 출신으로 고음악의 명인, 조르디 사발Jordi Savall은 르네상스와 바로크 시대의 음악, 그리고 카탈루냐 음악에 관한 숱한 명반을 오랜 세월에 걸쳐 내놓았고, 근자에는 모차르트나 베토벤과 같은 고전 시대와 낭만 시대의 명곡들에 대한 여러 참신하고 뛰어난 해석을 담은 음반들을 녹음했습니다. 그는 또한 여러 문화적 주제들에 대한 인문학적 탐구가 바탕이 된 음반들도 제작했는데, 예를 들면 아랍의 여행가 이븐 바투타의 걸작 여행기를 주제로 한 음반이나, 베네치아나 이스탄불 같은 고도古都들에 관한 음반, 동양과 서양의 교류사에 관한 음반, 몽세라 수도원의 음악이나 현왕이자 성인으로 불린 알퐁소 X세의 '마리아 찬가'에 관한 음반 등이 있습니다.

이런 일련의 시도 중에서 특히 눈에 띄는 음반이 그가 가장 친밀한 음악적 교류를 하고 있는 고음악 단체 히스페리온(Hesperion XXI)과 아깝게 타계한 아름다운 소프라노 목소리를 가진 탁월한 음악인이자 사발의 아내인 몽세라 피구에라스Montserrat Figueras가 2011년에 함께 연주한 〈마레 노스트룸Mare Nostrum〉입니다.

이 음반은 우리가 지중해풍 음악이라고 할 때 쉽게 떠올리는 이탈리아나 스페인의 음악만이 아니라 지중해의 긴 역사를 돌아보며 그리스, 터키, 불가리아, 안달루시아, 유대 음악 등 다양한 음악적 유산을 소개하고 있으며 지중해에 혼재된 중동, 소아시아, 서양의 다원적인 문화의 뿌리를 경험하게 합니다. 이러한 음악적 시도에는 상호 이해와 문화적 공존을 통해 종교적 평화를 이끌어내려는 희망이 자리합니다. 동시에 지중해를 오직 서유럽의 관점에서만 바라보는 관성을 교정하는 것이기도 합니다.

〈Mare Nostrum〉(2007)이라는 제목으로 지중해의 감성과 영감을 주는 곡들을 소개하고 있는 재즈 음반 역시 추천할 만합니다. ECM레코드와 함께 유럽 재즈를 대표하는 음반사인 ACT에서 발표된 이 음반은 사르디니아 출신의 트럼펫 연주자, 파올로 프레수Paolo Fresu, 프랑스의 아코디온 연주자, 리샤르 갈리아노Richard Galliano, 스웨덴의 피아니스트 얀 룬드그렌Jan Lundgren이 함께했습니다. 이 음반은 뛰어난 연주와 탐구정신으로 높은 평가를 받았고 이에 힘입어 〈Mare Nostrum II〉(2016), 〈Mare Nostrum III〉(2019)으로 이어졌습니다. 영화 음악부터 클래식 소품까지 넓은 범위의 곡들을, 재즈, 샹송, 탱고, 여러 민속음악 등 다양한 장르로 해석하고 있습니다. 이들은 앨범 출반 후 십 년이 넘는 세월 동안 수없이 많은 유럽의 도시에서 이 프로젝트를 연주하면서 자연스럽게 유럽 음악의 뿌리와 열매를 사람들에게 체험하게 하고 있습니다.

은유인 바다와 마음의 평정

바다는 철학의 모태라고 할 만하며, 또한 헤겔을 포함해 여러 철학자들이 철학적 탐구를 망망대해로 나서는 모험에 비유했건만, '바다의 철학'에 대해 본격적으로 탐구한 책들은 의외로 보기 힘듭니다. 그런 의미에서 올해 우리말로 훌륭하게 번역된 독일의 철학자 군터 숄츠의 《바다의 철학》(김희상 옮김, 이유출판, 2020)은 꼭 권하고 싶습니다. '바다'라는 주제가 마치 음악의 '유도동기'*처럼 사용되어 고대 그리스에서 근대와 현대까지, 철학의 사유를 감탄할 만큼 흥미진진하게 안내하고 있습니다.

근대 이후 인류는 바다를 생명의 시원, 지혜의 원천, 문화의 모태로서 대하는 법을 잃어버렸습니다. 바다는 긴 세월 동안 사람들에게 경외심과 감동, 그리고 도전 의식을 불러일으켰는데 오늘날에는 단지 무한정한 자원이자 착취의 대상으로만 존재합니다. 기후 변화의 격변기에서 이러한 사고방식을 반성하는 것은 인류의 생존을 위해서도 시급한 과제라는 것을 바다와 맺은 인류의 정신사를 살펴보면서 깨닫게 됩니다.

이 책은 바다를 사유의 주제로 삼는 데 길잡이가 되는 철학의 원전들을 소개하고 필요한 내용을 직접 인용하고 있습니다. 개인적으로 이 책에서 각별히 인상적인 대목은 고대 스토아철학과 교부철학의 대가들, 괴테와 보들레르 같은 근대의 문호, 브루노, 쇼펜하우어, 니체, 야스퍼스 등 르네상스에서 현대에 이르는 철학자들을 살펴보면서 인간의 영혼을 바다와 비유한 문헌들을 숙고하는 '영혼과 존재의 거울'이라는 장이었습니다.

철학적 교양이 지적 호기심을 채워주는 것만이 아니라 혼란한 시대에 마음의 평정을 찾고 스스로 자신을 위로할 수 있는 길을 열어줄 수 있다는 좋은 예입니다. 거칠고 예측할 수 없는 바다는 인간의 마음이 세상, 그리고 자신의 내면과 부딪히면서 겪는 온갖 혼돈

바다의 철학, 바다의 음악

과 격정, 감정적 동요, 절망과 분노 등을 은유적으로 비추어 줍니다. 다른 한편으로 '잔잔한 바다'는 이러한 세상의 풍파를 겪으며 자기 자신을 수양하고 인격적 깊이를 더하면서 외적인 운명의 부침과 불운과 고난에도 불구하고 고귀하게 마음의 평정과 평화를 유지하는 이상적 경지를 표현합니다. 자족하는 영혼, 마음의 평정을 뜻하는 라틴어 어구인 'tranquillitas animi'에서 tranquillitas는 원래 흔들림 없고 고요한 바다를 가리키는 말이었습니다. 바다가 철학적 사유를 돕는 탁월한 은유의 역할을 한다는 것을 단적으로 보여줍니다.

가혹한 운명 앞에서 인격적 고귀함을 잃지 않으며, 철학을 통해 배우고 익힌 덕으로 마음의 평정을 찾고 운명을 수용하는 참된 철학자의 모습을 보여주는 저서로, 로마 귀족 출신으로 게르만 족 대이동 이후 테오도리크 왕궁에서 활동한 보에티우스Boethius(477-524)의 《철학의 위안》(정의채 옮김, 바오로딸, 2007)을 들 수 있습니다. 젊은 나이에 당대 최고의 철학적, 인문학적 학식을 지녔고, 정치적으로도 오늘날의 총리격인 집정관의 자리에 올랐으나, 궁정의 권력 투쟁과 음모에 몰려 억울하게 감옥에 갇혀 처형을 기다리며 쓴 책입니다. 고대에 쓰인 책이지만 오늘날의 독자에게도 공감과 감동을 주는 내용이 많이 있습니다. '운명의 곡조'에 놀라거나 희롱당하지 않으면서도, 헛된 분노와 자책이 아니라 '철학의 여신'의 조언에 순종하며 내적 품위와 희망을 찾아가는 과정이 잘 그려져 있습니다.

철학자의 음악서재, C#

보에티우스는 스스로를 가르치고 위로하기 위해 바다의 은유를 들고 있습니다. 바다는 때로는 잔잔하다가도 폭풍을 받으면 분노한 듯 말할 수 없이 요동하는데, 인생 역시 잠시 평탄함과 행복이 있다 하더라도 그것은 언제라도 뒤엎어질 수 있고, 사라져갈 수 있는 것임을 기억해야 한다고 쓰고 있습니다. 참된 평온함과 행복은 오직 신이 보증하는 인생의 마지막 종착역에 있는 '항구'에서만 찾을 수 있는 것이고, 인생은 그때까지는 위태로운 항해이기에 철학을 통해 도야되어야 우리의 마음이 '잔잔한 바다'가 될 수 있다고 말이지요.

바다의 음악

'바다의 철학'은 철학에서 은유의 힘을 다시 평가하게 합니다. 상상력이 우리의 사유를 왜곡시키거나 방종하게 할 수도 있겠지만, 진정한 사유의 모험을 하고자 하는 이는 상상력을 통해서 더 멀리 나아가는 것을 피해서는 안 됩니다. 상상력은 '살아있는 은유'를 통해 사유의 날개가 되어줍니다. 그리고 음악은 상상력과 감수성을 고조시키며 진부함을 넘어선 은유를 형상화할 수 있는 정신의 힘을 고양합니다. '바다의 철학'이 '바다의 은유'를 필요로 한다면, '바다의 음악' 역시 철학의 길벗이 될 것입니다.

바다는 민요와 대중음악, 고전음악 등을 가리지 않고 수많은 음악가들에게 영감을 주었고, 숱한 명곡들이 결실로 태어났습니다. 사람들은 바다 곁에서 살아왔고, 바다 위를 항해했고, 바다에서 생업을 일구었습니다. 바다는 우리의 온갖 감정을 떠오르게 하고 인생의 여러 측면을 보게 합니다. 두려움, 매혹, 사랑, 미움, 행복, 절망, 만남, 이별 등 인간사가 바다에 투영됩니다. 그러니 사람들이 바다에 대해서 노래하지 않을 수 없습니다. 고전음악을 보자면, 각별히 낭만주의 시대에는 바다를 표제로 한 여러 명곡이 눈에 띕니다. 그러나 '은유로서의 바다'에 어울리는 작곡자는 누구보다도 오스트리아의 음악가 안톤 브루크너Anton Bruckner(1824-1896)입니다.

브루크너는 매우 경건한 가톨릭 신자였고, 거의 평생을 플로리안 수도원에서 음악 작업을 하며 지냈고, 자신을 이 수도원의 오르가니스트로 여겼습니다. 교회 음악가로서 브루크너는 연주 활동만이 아니라 여러 뛰어난 오르간곡과 매우 감동적이고 경건한 종교 합창곡을 남겼습니다. 그러나 그의 창작 작업의 중심이자 그를 위대한 작곡가로서 역사에 남게 한 것은 '대양'에 비유되는 아홉 개의 교향곡입니다. 브루크너의 교향곡에는 인간이 다 헤아리기 어려운 깊고 어두우면서도 모든 것을 품어주는 바다를 닮은 압도적인 숭고함이 있습니다. 온갖 부침에도 불구하고 결국은 고요한 아침을 맞이하는 바다를 만날 때 받는 깊은 위로가 그의 음악에는 있습니다.

　브루크너의 교향곡 중에서 사람들이 가장 좋아하는 작품이자 어쩌면 그의 가장 위대한 작품일지 모를 작품은 '7번 교향곡'입니다. 이 7번 교향곡의 두 번째 악장 '아다지오'는 그가 존경했던 바그너의 죽음을 애도하는 마음을 담고 있는 것으로 알려져서 더 유명한데 여기에는 깊은 슬픔이 장중함과 서정적 아름다움으로 표현되어 있습니다. 그러나 이 곡은 바그너에 대한 개인적 애도라는 감정의 차원에만 머물지 않습니다. 그의 위대한 교향곡들에 공통된 요소라 할 수 있는 보편적 인간의 운명과 우주적 신비와 신적 섭리에 대한 깊은 공감과 명상이 느껴집니다.

이 곡에 관해서 과거의 여러 명지휘자들이 남긴 명연주들이 제법 있지만, 베토벤이나 브람스의 교향곡처럼 음반들이 숲을 이루고 있지는 않았습니다. 꽤 오랫동안 브루크너의 곡들은 난해하다 여겨져서 지휘자들 중에도 브루크너 전문가가 따로 있고, 일반적인 클래식 애호가들에게는 좀 벽이 느껴져 소수의 마니아층만이 열광하는 음악이라는 선입견이 있었습니다.

세월이 흐르면서 음향과 녹음 기술이 발전하고 여러 오케스트라들의 연주 기법이 상향 평준화되면서 브루크너의 교향악적 효과들이 보다 잘 전달되고, 또한 그의 음악 기법들이 현대의 여러 영화음악들에도 인용되면서 브루크너만의 고유한 기법과 음향은 더 이상 오늘날 사람들에게 낯설지 않게 되었습니다. 장대한 구조와 긴 연주 시간 때문에 좋아하기까지 여전히 어느 정도의 시간과 노력이 들긴 하지만 브루크너 교향곡에 대한 전반적인 선호도는 점점 높아지

바다의 철학, 바다의 음악

는 추세이고, '대중화'도 되어가는 것 같습니다. 예전에 난해하다고 여겨진 말러의 교향곡이 오늘날에는 베토벤의 교향곡만큼이나 자주 연주되고 있는데, 아마 오래지 않아 브루크너 교향곡도 그렇게 대중화될 수 있으리라 생각합니다.

브루크너 7번 교향곡의 명연주로는 한스 크나퍼츠부쉬, 빌헬름 푸르트뱅글러, 세르쥬 첼리비다케, 헤르베르트 폰 카라얀 등 20세기 독일 교향악의 찬란한 성운을 이룬 명지휘자들의 음반들을 먼저 꼽게 됩니다. 여기에 더하여 뒤늦게 브루크너 연주의 대가로 세계적인 명성을 얻었던 독일의 지휘자 권터 반트Günter Wand(1912-2002)의 이름 역시 올려야 할 것입니다.

개인적으로는 그가 아흔을 바라보는 인생의 황혼의 순간이었던 1999년에 베를린 필하모니 홀에서 베를린 필하모니커와 연주한 실황 음반을 좋아합니다. 앞서 언급한 음반들과 함께 대표적 명연으로 꼽히는 잘 알려진 유명한 음반이기도 하지만, 권터 반트의 생애 마지막 시기의 연주를 직접 들어본 시간을 잊지 못하기 때문입니다. 권터 반트가 타개하기 바로 몇 개월 전에 뮌헨에서 뮌헨 필하모니커의 객원 지휘자로 브루크너의 4번 교향곡 '로만틱'을 연주한 연주회를 직접 가봤던 것은 행복하고 감사한 기억으로 남아있습니다.

권터 반트는 생애의 대부분을 쾰른 음악계에서 활동했고, 1970년대 말에 그가 쾰른 방송교향악단과 함께 완성한 브루크너 교향곡

전집 녹음은 그를 브루크너 전문가로 자리잡게 했을 뿐 아니라, 브루크너 음악의 위대함을 대중에 알리는 데에 큰 기여를 했습니다. 그는 칠순에 가까운 나이인 1982년에 북독일 방송 교향악단(현재 NDR Elbphilharmoniker)의 상임 지휘자를 맡아서 1991년까지, 뒤늦은 전성기를 누렸고 세계적 명성을 얻습니다.

이 시기를 거치며 그는 사실상 현존하는 최고의 브루크너 해석가로 인정받습니다. 노령으로 상임 지휘자 자리는 은퇴했지만 객원 지휘 활동은 계속되었고, 베를린 필하모니커나 뮌헨 필하모니커와 같은 유명 교향악단은 다투어 귄터 반트를 초대했고, 이 시기 그가 지휘하는 브루크너 콘서트는 언제나 특별한 사건이었습니다. 이러한 만년의 음악적 불꽃은 다행히 베를린 필하모니커와의 일련의 브루크너 실황 연주 음반을 통해 보존되었습니다.

뮌헨에서 귄터 반트의 연주회를 보았을 때 그 공연 자체에서 받은 감동보다도 오히려 일찌감치 매진된 표를 혹시라도 구할 수 있을까 싶어 일찍부터 공연장 앞에 와 있던 젊은이부터 어르신들까지, 수많은 사람들의 정성과 공연 후 노대가에게 보내던 관객들의 경의 어린 표정들이 더 생생합니다. 그날의 기억을 돌이켜보면 음악이 우리의 인생에서 얼마나 큰 의미를 가지는지 새삼 느끼게 됩니다.

---

*   유도동기_ 악극 표제 따위에서 주요 인물이나 사물 또는 특정한 감정 등을 상징하는 동기

브람스를 좋아하나요

철학자, 비트겐슈타인

오스트리아 출신의 영국 철학자 루트비히 비트겐슈타인Ludwig Wittgenstein(1889-1951)은 이견 없이 현대의 가장 중요한 철학자로 꼽힙니다. 영어권을 중심으로 20세기 현대 철학의 가장 중요한 흐름을 이룬 분석철학에 있어 비트겐슈타인의 기여는 의미론, 논리철학, 수리철학, 언어철학, 심리철학, 형이상학 등 거의 모든 분야에서 지대합니다. 당대에 영국과 오스트리아를 중심으로 여러 철학자들에게 충격과 영감을 준 그의 철학적 영향력은 그의 사후에 세계적, 세기적 차원이 되었습니다.

20세기 중반 이후 서양철학에서 가장 중요한 경향을 흔히 '언어철학적 전회(linguistic turn)'라고 말하는데, 이러한 언어관의 변화를 이끈 여러 철학자들과 사상가들 중에서도 비트겐슈타인은 그 중심에 있습니다. 개별적인 철학적 논점을 넘어 그는 사람들이 '철학하는 태도'와 세계를 '보는 눈' 자체에 대해 근원적으로 성찰하도록 자극했고, 이것은 그가 철학에 선사한 가장 위대한 기여입니다.

비트겐슈타인의 철학적 천재성은 그가 사실상 제도적 철학 교육 과정을 거치지 않았음에도 일찍부터 알려졌고 경탄의 대상이었지만, 그의 철학이 사람들에게 받아들여지는 수용 과정을 살펴보면 많은 오해도 있었다는 것을 알 수 있습니다. 그의 철학을 환영하고 높이 평가한 모리츠 쉴릭을 비롯한 '빈 학파'는 비트겐슈타인의 사유를 자신들이 추구하는 '논리실증주의'와 유사한 입장이라고 이해했습니다. 과학의 명료함을 이상으로 삼아 분석적, 논리적 방법론으로 철학을 제한시키려는 게 그들의 의도였습니다. 이는 비트겐슈타인의 '철학함'과는 근본적으로 다른 것이었기에, 비트겐슈타인은 그들의 열광에 거리를 둡니다.

한편 비트겐슈타인을 '전설처럼' 대우한 옥스퍼드와 케임브리지를 중심으로 한 영국 철학의 주요 인물들도 비트겐슈타인의 관심사는 논리학과 수학에 기초를 두는 데 있다고 생각했습니다. 비트겐슈타인이 철학을 인생의 길로 선택하고 영국 철학계가 그를 주목하는 데 결정적 역할을 한 버트런트 러셀 역시 비트겐슈타인을 논리학과 수리철학의 미래를 짊어진 천재로서만 바라봤습니다. 비트겐슈타인을 이렇게 협소하게 바라본 당대의 철학자들이 비트겐슈타인의 철학적 사유가 사실은 인간학과 윤리학의 가장 심오한 문제에 뿌리내리고 있으며, 현상을 넘어서는 신비와 진정한 종교성에 대해 깊은 경외감을 가지고 있다는 것을 알아챘을 때, 낯설고 당혹해한 것은 충분히 짐작할 수 있습니다.

비트겐슈타인에게 가는 길

그의 기념비적인 저작인 《논리철학논고》의 마지막 문장인 '말할 수 없는 것에 대해서는 침묵해야 한다'는 아마 철학사에서 가장 유명한 철학적 진술 중 하나일 것입니다. 비트겐슈타인의 이 문장은 과학적 명제만이 철학적 논의의 가치가 있는 것으로 자주 오해되었습니다. 논리실증주의를 주장했던 당대의 빈 학파와 그 전통에 있는 환원주의와 과학주의를 지향하는 철학자들은 비트겐슈타인을 철학에서 신학적이고 형이상학적인 '사이비' 문제들을 제거한 선구자로 오해하고 환호했지요. 이러한 비트겐슈타인에 대한 이해는 필연적으로 비트겐슈타인의 글에서 무수히 만나게 되는 실존적이고 윤리적인 질문을 무시하게 됩니다.

　하지만 비트겐슈타인의 사유는 오히려 '말할 수 없는 것'을 향한 여정입니다. 이 점에 대해서는 비트겐슈타인이 가까운 이들과 함께 나눈 대화나 서신에서 확인할 수 있습니다. 그의 친우였던 건축가 파울 엥겔만은 비트겐슈타인에 대한 중요한 회고의 글에서 비트겐슈타인은 인간의 삶을 위해 유일하게 중요한 것은 '그것에 대해 침묵해야 하는 것'이라는 데 깊은 확신이 있었다고 전해줍니다. 그리고 비트겐슈타인이 《논리철학논고》의 출간을 의뢰한 루트비히 폰 픽커에게 보낸 유명한 편지에서 스스로 이 책의 요점은 '윤리적인 것'에 있다고 말합니다. 나아가 그는 이 작품이 여기 쓰인 것과 쓰지 않은 것, 두 부분으로 구성되어 있기를 의도했으며 정확하게는 두 번째가 중요한 부분이라 밝히고 있습니다.

'말해지지 못한 것', '쓰이지 못한 것', 즉, 학문적 설명이 불가능한 삶의 의미와 초월적 차원들에 대해 철학은 어떻게, 무엇을 할 수 있는가가 그의 평생의 주제였습니다. 그는 이에 대해 사상누각과 같은 '설명'을 시도하거나, 아니면 독단적으로 거부하는 철학적 입장 대신에 '가리키고' '보여주는' 철학의 길을 추구했습니다.

비트겐슈타인의 철학에 대한 '과학주의적' 해석은 다행히도 그가 남긴 방대한 유고를 포함한 저술들에 대한 연구자들의 철저한 분석과 그에게 영향을 받은 여러 뛰어난 철학자들의 작업들을 통해서 긴 세월 안에서 극복되어가고 있습니다. 그의 후기 작품인 《철학적 연구》가 깊이 연구되면서 그의 철학적 주제들의 핵심적 사안들이 새롭게 인식되었습니다. 그는 언어에서 실천적 차원('화용론(pragmatism)')을 선구적으로 숙고했고, 인간 행위는 사회 '규칙'의 맥락과 상호관계 안에서만 이해될 수 있다는 것을 통찰했습니다. 그리고 1인칭적 감정이 결부될 수밖에 없는 '경험'은 3인칭적인 '표현'과 근원적으로 모순 관계가 있고, 언어와 행위에 대한 철학은 그 긴장에 대한 인식에서 시작되어야 한다는 사실을 강조했습니다. 여기서 순수논리적 형식이나 인식론적 유아론*이 비트겐슈타인의 주된 관심사가 아니라는 것이 명백해집니다.

비트겐슈타인에 대한 이해가 깊어지면서 여러 연구자들이《논리철학논고》를 그의 '전기 철학'으로 규정하고《철학적 연구》를 포함한 '후기 철학'과의 단절성을 강조했던 데서 벗어나, 전기 철학과 후기 철학이 본질적으로 일관성이 있음을 설득력 있게 제시해 그의 철학을 인간학적 차원의 넓은 지평에서 살펴보는 길이 열리게 됩니다.

오늘날 비트겐슈타인 철학의 수용 양상을 보면 각각의 철학적 문제들에 대한 논증만이 아니라 그의 방법론과 현상을 보는 기본 관점들이 폭넓게 연구되고 있습니다. '언어그림이론', '언어놀이', '규칙따르기', '원현상', '가족유사성', '일목요연한 묘사' 등 잘 알려진 비트겐슈타인의 철학 개념들은 철학만이 아니라 신학과 인문학, 사회과학 연구자들에게까지 매우 높이 평가되고 다양하게 적용됩니다. 중요한 것은 비트겐슈타인에게 이러한 개념이 반영하는 '철학함'과 '철학의 방법'에 대한 철저한 반성과 탐구는 학문적 영역을 넘어 삶 전체에 대한 깊은 고뇌와 성찰과 분리되지 않는다는 사실입니다.

비트겐슈타인은 사유의 대가로 평가받기 위해 애쓰지 않았고, 교수직이나 학문적 성취에도 관심을 갖지 않았으며 엄청난 유산을

　　　　　　　　　　브람스를 좋아하나요

포기했고 때때로 은수자隱修者처럼 보일만큼 엄격한 기준을 스스로에게 부여하며 정신적 정직성에 부합하는 삶의 방식과 철학적 작업을 평생에 걸쳐 수행한 사람입니다. 그는 매우 독특한 삶의 궤적을 가졌지만 어떤 경우이든 철학을 자기 삶의 형태 그 자체로 삼고, 온몸으로 삶을 탐구한 사람이기에 그의 철학적 '태도'들은 전문적인 철학가들의 범위를 넘어 삶에 대해 고민하는 모든 이들에게 큰 자극과 영감이 됩니다.

비트겐슈타인과 종교성

비트겐슈타인은 유대인이었지만 빈 문화에 동화된 비트겐슈타인 가문의 전통에 따라서 가톨릭 세례를 받았고, 영국에서 사망했을 때도 가톨릭 장례로 추모되었습니다. 그러나 개인적으로는 신앙을 가지지 않았고, 종교적으로는 오히려 불가지론에 가깝다고 할 수 있습니다. 그럼에도 그는 종교적 태도나 신앙심에 대해 폄하하지 않았고 신비에 대한 고유의 감각을 가졌던 사람이었습니다. 신앙을 신학적으로 입증하거나 논증하는 것에 대해서는 회의적이었지만, 순수한 신앙심과 신에 대한 실존적 추구에 대해서는 깊은 존경을 가졌습니다. 비트겐슈타인은 현대 종교철학에 가장 큰 영향력을 미치는 철학자라고 할 수 있는데 종교성을 실존적 태도와 삶의 방식에 근원을 두는 그의 사유와 실천은, 철학자들만이 아니라 구도적 갈망을 지닌 많은 독자들에게 공감을 얻고 있습니다.

생의 의미에 대해 철저하고 실존적인 탐구는 자연스럽게 그가 종교적이고 신비적인 차원에 대해 진술하도록 이끕니다. 그의 제자였고 비트겐슈타인의 권유로 의사의 길을 걷게 된 드루리M.O.C. Drury가 비트겐슈타인과 나눈 대화를 전해주는 기록을 보면, 삶의 성실함과 의미 추구의 결과로써 종교성이 비트겐슈타인에게 충만했다는 것을 느끼게 됩니다. 비트겐슈타인은 자기 자신을 종교인이 아니며 신앙을 갖지 않은 사람이지만 종교적인 태도를 갖고 종교적인 관점에서 생각할 수밖에 없는 사람이라고 스스로에 대해 말한 적이 있습니다. 그가 드루리에게 보낸 편지에서 다음의 말들은 그가 생각하는 종교성이 무엇인지 곱씹어보게 합니다.

종교적 사고에 관해 말한다면, 나는 평온을 향한 갈망을 종교적이라고 생각하지 않아. 내 생각에 종교인이라면 평온이나 평화를 인간이 추구해야 할 무엇이 아니라 하늘이 내려준 선물로 여길 거야. 자네의 환자들을 고통에 빠진 인간으로 세심하게 살피고, 많은 이들에게 '안녕히 주무세요'라는 인사를 할 기회를 더 많이 누리게. 이것만으로도 많은 이들이 부러워할, 하늘이 내린 선물을 갖게 되는 거야.

_ P158-159《비트겐슈타인 회상록》

브람스를 좋아하나요

비트겐슈타인의 철학에 다가가기 위해서는 그의 저서에 나타난 철학적 사유만이 아니라 삶의 다양한 문제에 대한 단상들과 그와 가까웠던 사람들이 전해주는 그에 관한 기억들이 중요한 역할을 합니다. 그와 가장 가까운 친구 중 한 명이었던 파울 엥겔만과의 편지들과 엥겔만이 비트겐슈타인과의 만남과 관련해 남긴 메모들은 귀중한 자료이고, '말할 수 없는 것'들에 대한 비트겐슈타인의 열정을 확인할 수 있습니다.

러시 리스Rush Rhees가 비트겐슈타인에 대한 여러 사람들의 회상들을 모아 편집하고 서문과 후기를 달은 회상록 역시 비트겐슈타인에 대해 여러 중요한 사실을 알려주는데, 앞서 인용한 드루리와의 대화 역시 이 책에 수록되어 있습니다. 반갑게 우리말 번역이 있습니다(《비트겐슈타인 회상록》 이윤·서민아 옮김, 필로소픽, 2017).

비트겐슈타인은 자신의 개인사에서 일체의 과시적 태도를 피한 인물이지만, 역설적으로 어떤 철학자보다도 그의 철학에 접근하기 위해서는 그의 삶에 대한 공감과 이해가 요구되는 것 같습니다. 이러한 점에서 보자면 그의 철학적 발전과 전기적 사건들을 탁월하게 종합해 격찬을 받은 영국의 철학자이자 전기 작가인 레이 몽크의 《비트겐슈타인 평전(The Duty of Genius)》(남기창 옮김, 필로소픽, 2012)은 필독의 가치가 있습니다.

독일의 젊은 철학 저술가 볼프람 아일렌베르거가 2018년에 출판해서 높은 평가를 받으며 베스트셀러가 되었고 작년에 우리말로도 번역된 《철학, 마법사의 시대》(배명자 옮김, 파우제, 2019) 역시 권하고 싶습니다. 2차 세계 대전 전야의 위태로운 정치적 시기이자 현대 철학의 중요 인물들이 창조력을 드러내며 빛나는 시기였던 1920년대에 루트비히 비트겐슈타인, 발터 베냐민, 마르틴 하이데거, 에른스트 카시러 등 네 명의 철학자들의 철학과 삶을 교차하며 서술한 흥미진진한 교양서입니다.

브람스를 좋아하세요

비트겐슈타인에게 문화는 매우 중요한 요소였습니다. 그에게 문화의 준거는 역시 빈의 근대 문화입니다. 비트겐슈타인에게 영향을 준 세기말 빈의 문화적 풍경과 비트겐슈타인 철학의 요소들을 설명하고 있는 앨런 재닉과 스티븐 툴민의 《비트겐슈타인과 세기말 빈》(석기용 옮김, 필로소픽, 2013)은 1973년에 출간된 책이지만 여전히 그 탁월함이 바라지 않은 훌륭한 안내서입니다. 빈의 문화는 걸출한 비트겐슈타인 가문의 가업인 철강 산업만큼이나 중요한 요소로 삶 속에 넘치고 있었고, 그 안에는 위태로운 '광기' 역시 포함되어 있습니다.

이 집안에 대한 알렉산더 워의 상세하고 흥미로운 저술인 《비트겐슈타인 가문》(서민아 옮김, 필로소픽, 2014)은 철학자 비트겐슈타인의 세계관에 접근하는 중요한 길을 열어주고 있습니다. 비트겐슈타인에게 문화는 부수적인 것이 아니라 인간의 삶에 본질적인 것이고 철학적으로도 중요한 소인이 됩니다. 이는 그의 후기 철학이 인간 행위의 '맥락성'을 중시하고 있다는 것을 연상하면 충분히 이해가 됩니다.

비트겐슈타인의 철학과 글쓰기 방식의 특성상 본격적으로 '문화철학'을 전개한 저서는 없습니다만, 그의 여러 '비철학적' 단상들을 모아놓은《잡다한 견해들Vermischte Bemerkungen》에는 다양한 문화적 견해들이 실려 있습니다. 이런 이유로 우리말 번역의 저본이 되고 있는 영어 번역에는《문화와 가치(Culture and Value)》(이영철 옮김, 책세상, 2006)라는 제목이 붙어있습니다.

비트겐슈타인에게 문화는 무엇보다 음악이었습니다. 그는 자신의 언어철학의 의미론이 음악과 평행 관계에 있다는 직관이 있었습니다. 비록 그가 음악철학을 본격적으로 발전시킨 것은 아니지만, 음악 현상이 가진 철학적 가능성에 대해서는 언제나 깊이 확신한 것으로 보입니다. 비트겐슈타인에게 음악은 단순히 취미를 넘어선 것이자 철학의 소재 이상이었고, 문화 그 자체이자 삶의 중요한 요소였습니다. 이런 경향은 그에게 아우구스티누스 성인과 함께 가장 큰 영향을 미친 철학자이며 역시 음악에 깊이 심취하고 음악을 문화의 절정으로 생각한 아르투르 쇼펜하우어(1788-1860)를 통해 강해졌다고도 볼 수 있습니다.

사실 음악에 대한 정열은 비트겐슈타인 가문의 전통이기도 했습니다. 빈 최고의 부호였던 비트겐슈타인 가의 가정 음악회와 만남의 자리에는 브람스나 말러, 바이올리니스트 요제프 요하힘 등 오늘날까지도 음악사에 이름을 남기는 당대 최고의 음악인들이 찾았습니다. 그리고 비트겐슈타인의 형인 파울은 전쟁에서 한 손을 잃었지만, 라벨을 비롯한 당대의 대가들에게 왼손만으로도 연주할 수 있는 곡을 위촉해 전 세계적으로 연주회를 다녀 유명해지기도 했습니다.

비트겐슈타인에 대한 여러 사람들의 회고나 《문화와 가치》라는 책을 보면 그의 음악적 취향을 볼 수 있습니다. 그는 막연한 인상과는 다르게 음악적 판단과 취향에서는 진보적이기보다 보수적이라 할 만합니다. 그는 당시 새로운 음악의 차원을 열며 다양한 반음계적 음악의 실험을 통해 조성 음악**의 한계를 시험하던 바그너와 말러의 음악에 대해서는 비판적이었고, 후에 쇤베르크에 의한 음열 또는 무조 음악***에 대해서도 관심을 갖지 않았습니다.

이는 그가 음악이나 음악가를 개별적인 차원에서만이 아니라 전체 문화의 수준과 연관해서 받아들이는 관점을 가진 것과도 관련됩니다. 그에게 베토벤과 모차르트는 천사적, 우주적 차원으로 더없는 가치를 가진 음악가이며, 이를 슈베르트가 낭만주의를 통해 이어옵니다. 그리고 자신은 슈만과 쇼팽으로 상징되는 낭만주의적 음악과 문화에 속한 사람으로 이해한 것 같습니다. 흥미로운 것은 자신과 같은 유대인인 멘델스존에 대한 평가인데, 그는 멘델스존 음악의 아

브람스를 좋아하나요

름다움과 고귀함, 그의 재능을 잘 알고 있지만 그의 음악에 결여된 '비극성'에 대해 아쉬움을 표합니다. 당대의 빈에서 뒤늦게 관심을 끌게 된 교향곡의 대가 브루크너에 대해서는 유보적 반응을 볼 수 있습니다. 그에게 브루크너의 강렬한 음향과 파격적인 구성은 긍정적인 것이 아니었고, 이와 반대로 브람스의 '흑백'을 연상시키는 견고한 음악적 구조는 비트겐슈타인에게 정신적 동일성을 느끼게 했고 브람스의 음악을 높이 평가하는 이유가 됩니다.

슈베르트 이후, 그가 젊은 시절에 직접 체험해볼 수 있었던 후기 낭만주의의 음악가들 중에서 가장 높이 평가하고 좋아한 음악가는 누구보다 요한네스 브람스(1833-1897)였습니다. 브람스의 가장 중요한 음악적 협력자이자 친구인 전설적인 바이올리니스트 요제프 요하임이 비트겐슈타인 가문과 가까운 사이였고, 그를 통해 브람스 역시 비트겐슈타인 집안에 친분이 생겨 자주 방문한 개인적 인연도 비트겐슈타인의 음악적 선호에 영향을 미칠 수가 있었을 것입니다.

하지만 본질적인 것은 비트겐슈타인이 《서구의 몰락》을 쓴 슈펭글러의 영향을 받아 그 당시의 문화가 쇠락의 길로 접어든 것으로 보았고, 이런 시대에 베토벤과 괴테로 상징되는 총체성을 가진 문화적 황금기를 각고의 노력과 천재성으로 자신 안에 홀로 반영하고 있는 인물로 브람스를 평가했던 것 같습니다. 그는 브람스 음악의 탁월성에 대해 특별히 멘델스존과의 비교를 통해 다음과 같이 평가하고 있습니다. 그는 아마도 브람스의 음악에서 사유의 모델까지도 발견하고 있는 듯싶습니다.

멘델스존의 음악에는 무엇이 모자라는가? '용감한' 멜로디?
브람스는 멘델스존이 절반만 해낸 것을 전적으로 엄격하게 해낸다. 혹은, 브람스는 자주 잘못된 것이 없는 멘델스존이다.
브람스에 있어서의 음악적인 '사유의 강인함'.

_ Ludwig Wittgenstein, *Vermischte Bemerkungungen*,
in: *Werkausgabe* Bd.8, Frankfurt am Main: Suhrkamp, 1984

비트겐슈타인이 몇몇 친구들에게 브람스의 현악 사중주 3번 작품 번호 67의 세 번째 악장이 자신에게 미친 깊은 정서적 영향에 대해 말한 것이 전해지고 있습니다. 그런데 앞서 언급했던 드루리가 전해주는 일화를 보면 그가 브람스를 대표하는 네 곡의 교향곡 중에서 3번 교향곡을 가장 좋아했던 것 같습니다.

브람스의 교향곡 3번은 다른 교향곡에 비해 고요하고 명상적이며 사색적입니다. 이 중 3악장 '포코 아다지오'는 오토 프레밍거가 감독하고 잉그리드 버그만, 이브 몽땅, 안소니 퍼킨스 등 명배우들이 출연한 영화 〈브람스를 좋아하세요〉에 사용되어서 널리 알려졌습니다. 열아홉 살의 나이에 소설 《슬픔이여 안녕》으로 등장한 프랑스의 작가 프랑수아즈 사강(1935-2004)이 스물넷의 나이로 쓴 베스트셀러 《브람스를 좋아하세요... (Aimez-Vous Brahms...)》가 원작인데, 영화의 제목은 〈Goodbye again〉이었고, 우리나라에서 개봉할 때 (1961)는 '이별의 쓸쓸함'을 뜻하는 '이수'로 요즘으로서는 낯선 제목이 달려있었습니다. 소설 제목에 물음표가 아니라 말줄임표가 있다는 게 소설의 분위기와 잘 어울리는 것 같습니다.

프랑수아즈 사강은 '나는 나를 파괴할 권리가 있다'는 말로 유명하고, 매우 젊은 나이에 스타 작가가 되어 평생 극단적인 삶을 살았던 인물이었습니다. 하지만 의외로 그의 문학적 바탕은 당대의 유행보다는 프루스트나 스탕달 같은 고전적 소설에 두고 있습니다. 그래서 이 작품 역시 풍속 소설 같은 전개이긴 하지만, 성격과 인간 본성의 탐구라는 소설의 정의를 잘 구현하고 있습니다.

정작 소설에서는 브람스의 교향곡 3번이 나오지 않고 곡목을 밝히지 않는 브람스의 협주곡을 주인공들이 음악회에서 듣는 장면으로 묘사하는데, 영화가 선택한 브람스의 교향곡 3번 3악장은 브람스가 창조한 가장 아름답고 감미로운 곡이기에 많은 사람들에게 이 영화를 통해 깊이 각인되었습니다.

이 작품의 명연주 역시 긴 목록을 가지고 있습니다. 연주 시간은 30여 분부터 거의 50분에 해당하는 다양한 해석이 있습니다. 저명한 음악 평론가인 리처드 오스본이 유명한 음악잡지 〈그라모폰〉에 2012년에 쓴 기고를 보면, 푸르트뱅글러, 발터, 클렘펠러 등 과거의 전설적 지휘자들의 명연주와 함께 여러 면에서 최상의 선택으로, 클

철학자의 음악서재, C#

라우디오 아바도가 막 베를린 필하모니커의 상임 지휘자로 선택되기 직전에 남긴 1989년의 녹음을 권하고 있습니다. 개인적으로는 멘델스존의 교향곡 4번 '이탈리아'를 듣기 위해 구한 음반에 함께 실려 접하게 된 이탈리아의 요절한 지휘자 귀도 칸텔리의 연주(1955)를 듣고 또 들으며 깊은 감동을 받습니다.

---

*   유아론_ 극단적 형태의 주관적 관념론

**   조성 음악_ 멜로디가 하나의 음 또는 하나의 화음을 중심으로 하여 일정한 음악
          관계를 가지는 경우를 말함

***   무조 음악_ 악곡의 중심이 되는 장조나 단조 따위의 조성調性이 없는 음악

사랑하는 이를 향해 가는 길

우리 시대의 철학자 마사 누스바움

인문학이 대중적으로 영향력을 갖기 어려운 시대입니다만, '우리 시대의 철학자'라고 할 수 있는 인물들이 여전히 존재하는 것은 다행입니다. 미국의 철학자 마사 누스바움Martha Nussbaum(1947-)은 그러한 호칭이 과하지 않은 사람입니다.

누스바움은 원래 전공 분야였던 고대 철학과 고대문학의 경계를 넘어 현대의 감정 이론과 도덕 인식론, 덕 윤리학, 법철학 분야에서 중요한 연구서들을 내놓았습니다. 그녀의 저서들에는 문헌학적, 주석학적 차원의 철저함, 철학적 논증의 설득력과 독창성 등의 높은 학문적 수준만이 아니라 고대 철학 연구를 현대의 보편적이며 절실한 주제들과 접목시키려는 문제 의식이 담겨있습니다. 그녀의 독자층은 고대 철학과 고전 문헌학의 전문가들로 국한되지 않고 여러 분야의 연구자들과 지식인들, 더 나아가 자기 자신을 도야하고 정의롭고 바람직한 공동체를 건설하려 애쓰는 시민들까지 폭넓습니다. 수십 년간의 넓고 깊은 연구와 저술과 강연을 통해, 학문적 토대를 바탕으로 공익에 기여하는 실천적 활동을 통해, 이제 그녀는 전문가라는 차원을 넘어서서 전 세계적으로 알려진 우리 시대를 대표하는 '철학자'가 되었습니다.

누스바움의 세계적인 명성에 비해 우리나라에 번역된 책들이 적어 아쉬움이 컸는데, 최근 몇 년간 고대 철학의 전문적인 주제를 다루는 초창기 작품들을 제외하고는 대개의 중요한 작품들이 차례로 우리말로 번역되었습니다. 덕분에 누스바움의 철학을 일반 독자들이 직접 읽어볼 수 있는 기회가 열렸습니다.

여러 권하고 싶은 책들이 있지만, 일반 독자들도 편안하게 접근할 만한 책을 추천하자면 아무래도 《지혜롭게 나이 든다는 것》(안진이 옮김, 어크로스, 2018)을 꼽아야 할 것 같습니다.

지혜롭게 나이 들기

이 책 《지혜롭게 나이 든다는 것》은 마사 누스바움과 법학자이자 경제학과 행정학에 전문가적인 식견을 가진 솔 레브모어와의 공저입니다. 두 저자는 행복하고 보람 있는 노년의 삶과 관련되는 여덟 개의 주제에 대해 각기 격조 있는 에세이 형식으로 자신들의 견해를 제시하고 있습니다. 여기서 다루는 주제는 '나이 듦과 우정', '나이 들어가는 몸을 어떻게 대할 것인가', '지난날을 돌아보며', '리어왕에게서 무엇을 배울 것인가', '적절한 은퇴 시기를 생각한다', '중년 이후의 사랑', '노년의 빈곤과 불평등에 관하여', '무엇을 남길 것인가'입니다. 대담 형식은 아니지만 글을 읽어보면 두 사람의 밀접한 교감을 느낄 수 있습니다. 환갑을 넘어선, 오랜 세월 우정을 나눈 원숙한 지성인들이 나누는 지적이면서도 실천적인 통찰이 매력적입니다. 다양한 주제의 글들에 나 자신의 삶의 고민을 비추어보면 철학은 다름 아니라 '삶의 지혜'라는 것을 실감하게 됩니다.

'Aging Thoughtfully'라는 원제를 살린 우리말 제목도 입에 잘 붙습니다. 노년이 길어지는 사회에서 현대인들이 마주하는 여러 실질적인 고민들을 지혜로운 철학자와 현명한 행정가가 학문과 자신의 경험에 비추어 조언을 주는데, 학식뿐 아니라 유머와 겸손함과 달관이 묻어나는 인품과 인생 경험이 느껴집니다.

마사 누스바움은 노년을 맞이하는 즈음에 준비해야 하는 인생의 문제들을 편안하게 설명하면서 그녀의 주요 철학적 주제들도 소개하고 있습니다. 그 한 예로, 책의 말미에 그녀에게 실천철학의 중요한 개념인 '역량 접근(Capability approach)'에 기반을 두고 성공적인 노년의 삶의 모습을 제시합니다.

'역량' 개념은 아리스토텔레스의 덕 윤리학이 말하는 인간 존재

사랑하는 이를 향해 가는 길

의 기본 범주에 속합니다. 누스바움은 이를 우리 시대의 상황에 맞게 변용해 현실에 적용 가능한 실천철학적인 방법론으로 정립했습니다. 한 인간이 인간다운 자기실현을 스스로 수행하게 하는 '역량'을 키워주는 것을 목적으로 교육이나 복지 정책이 '접근'해야 한다는 것이 그 기본 취지입니다. 여기서 중요한 것은 인간에게 기본적이고 필수적인 '역량'이 무엇인지 규정하는 것입니다. 문화적 차이들과 보편적인 인간 존재의 속성 및 침해될 수 없는 인간 존엄성을 함께 고려하는 것이 중요합니다.

그녀는 '역량 접근'에 근거해 국제기구가 시혜적이고 대중적인 방식으로 아프리카나 아시아의 저개발국에 행하는 원조 정책을, 젊은 세대의 '역량'을 강화하는 적절한 교육 인프라 확충에 더 중점을 두는 방향으로 변화시키려 제안하고 애쓰기도 했습니다. 동시에 신자유주의 시대에 미국과 유럽에서 점점 교육이 시장 경제와 효율성으로만 규정되는 현실을 경고하면서 사회 내적 불평등에 대해 보다 민감하게 반응하고, 다양성을 존중하며 무엇보다 '인간성' 도야를 목적으로 하는 전인교육의 부흥을 주장하고 있습니다.

누스바움은 《지혜롭게 나이 든다는 것》에서는 '역량 접근'에 입각해서 풍요롭고 행복한 노년의 삶을 위해 각자 애써야 하고 사회도 지지하고 지원해야 하는, 기본 역량들을 검토하고 있습니다. 그녀는 생존, 신체 건강, 신체 보전, 감각/상상/사고, 감정, 실천이성, 사회적 관계, 인간 외 종(동물, 식물, 자연세계)과의 관계, 놀이, 환경에 대한 권리 등 열 가지 정도로 노년의 '삶의 질'에 밀접한 관계를 맺는 역량을 목록화하고 개별 내용들을 오늘날의 직업과 복지와 관련된 정책들을 고려하면서 간략하지만 실질적으로 성찰하고 있습니다.

누스바움은 철학적 주제를 여러 문학작품이나 음악 작품을 전거로 삼아 풍성하게 전개하는 것으로도 잘 알려져 있습니다. 여기서도 키케로와 같은 고전 저자와 함께 리하르트 슈트라우스의 오페라 〈장미의 기사〉와 같은 음악, 셰익스피어에서 유진 오닐에 이르는 문학 등에 대해서 논하고 있습니다.

철학적, 예술적 이해와 심리학과 사회학, 그리고 구체적 삶의 경험 등에 근거한 현대사회에 대한 폭넓은 인식과 인간 본성에 대한 섬세한 관찰력을 결합해, 후기 산업사회에서 우리가 어떻게 노년 시기에 지혜롭고 삶의 보람을 가지며 행복하게 살 수 있는지 제시합니다. 한편 공저자인 솔 레브모어는 행정가다운 현실 감각과 촌철살인의 위트와 유머로 마사 누스바움의 글을 잘 보충해주고 있습니다.

두 사람이 제안하는 '지혜롭게 나이 들어가는' 삶이란 스스로의 삶에 자긍심과 만족감을 가지며, 나이가 들어갈수록 보다 더 적극적으로 이타적 행위를 선택하고 꾸준히 자신을 도야하는 것입니다. 이는 고대 철학의 덕 윤리학이 제시하는 길과 다르지 않습니다. 이는 판단력에 근거한 성찰과 숙고와 분별을 실천하는 삶의 방식입니다. 그리고 판단력에는 적절한 감정적 공감 능력이 반드시 요구됩니다.

자기 자신을 잘 받아들이는 감정적 성숙함이 있을 때, 우리 안에 자기 자신을 객관적으로 반성하고 발전시키는 성찰의 힘이 자리할 수 있습니다. 성찰과 분별을 동반하는 숙고의 삶은 단순히 지성적인 차원으로만 다다를 수 있는 것이 아니며, 사랑과 애착이라는 기본 욕구들이 적절하게 충족되어야 합니다. 그 애착의 감정이 성숙되고 인격과 통합되는 것이 바로 '우정'이라는 덕목의 본질입니다.

덕 윤리학에서는 덕에 뿌리를 둔 우정을 고대 이후 지혜롭고 행복한 인생을 살아가기 위해 필수적으로 여겼습니다. 이는 노년의 삶에서도 마찬가지인데, 누스바움은 로마 시대의 대 사상가이자 문장가였던 키케로가 절친한 벗인 아티쿠스와 나눈 편지들을 살펴보면서 우정이라는 주제를 깊이 생각하도록 초대합니다.

인생이라는 '이야기'를 돌아보기

《지혜롭게 나이 든다는 것》은 꼭 노년기를 준비하는 입장이 아니더라도 통찰과 식견을 깊고 넓게 하는 데 도움이 되는 유익한 책입니다. 무엇보다 3장에 나오는 누스바움의 글인 '과거를 통해 앞으로 나아가기: 회고적 감정의 가치'는 필독의 가치가 있다고 생각합니다. 이 글의 기본 관점은 인생을 각기 고유한 '이야기(서사, 내러티브)'로 보는 것입니다.

'이야기로서의 인생'은 철학적으로도 매우 의미 있습니다. 이러한 관점을 깊이 있게 탐구한 철학자들은 무엇보다도 현대의 해석학자들입니다. 해석학은 20세기 철학의 주요 흐름이며, 철학자 하이데거가 중요한 분기점입니다. 하이데거 이후 해석학을 발전시킨 가장 중요한 철학자 두 명을 들자면 독일의 한스 게오르크 가다머와 프랑스의 폴 리쾨르입니다. 그 두 사람을 통해 인생을 '이야기'로 바라보는 관점이 인간학과 윤리학에서 매우 중요한 의미를 가지게 되었습니다. 신학에서도 해석학자들에게 영향을 받은 '이야기 신학'은 중요한 흐름입니다. 사실 구약과 신약성서의 중요한 내용들은 모두 '이야기'이기 때문에 '이야기 신학'은 성서의 원 의미에 가장 가까이 다가가려는 노력입니다.

'이야기'로서 인간의 삶을 이해하는 철학을 새롭게 연 것은 해석학자들이지만, 또한 알레스데어 메킨타이어 같은 철학자가 대표하는 현대의 덕 윤리학에서도 이러한 철학적 입장은 매우 중요합니다. 누스바움 역시 덕 윤리학에 매우 친화력을 지닌 철학자이며, 그렇기에 인생을 이야기로 이해하고 그 이야기를 '회고'하는 문학적 접근이, 사실은 인간을 해명하고 이해하려는 철학에서도 본질적인 방법이 되어야 한다고 보고 있습니다.

그녀의 철학이 이야기를 다루는 방식에서 주목해야 하는 점은 이야기로서 인생을 성찰하고 회고하는 과정에서 생기는 다양한 '감정적 체험'을 중요한 철학적 계기로 삼고 있다는 사실입니다. 그녀는 감정과 윤리적 깨달음 사이의 관계라는 주제에서 현대 철학에 큰 기여를 남기고 있습니다.

'이야기'로서 인간을 바라보는 관점에 따르면, 실천적이고 윤리적 행위들이나 선택들은 사실 인생이라는 이야기 안에서 '맥락화' 되었을 때 본연의 의미가 드러납니다. 인생이라는 이야기 속에서는 일시적인 성패가 마지막 귀결은 아닙니다. 긴 이야기 속에서 실패는 때로는 더 의미 있는 삶을 살기 위한 배움의 순간이 될 수도 있고, 때로는 젊은 시절의 일시적 성공이 오히려 인생을 어긋나게 하는 불운이 될 수도 있습니다. 이야기로 보는 인생은 다양한 장면들이 서로 이어지고 영향을 주는 것이고, 환경에 대한 우리의 자세나 입장도 불변하는 것이 아닙니다.

살아간다는 것은 때로는 그저 수동적으로 겪고 견디어내는 것처럼 보일 때도 있고 때로는 의욕을 가지고 오랜 준비를 하며 기획하고 계획하며 추진하고 성취하는 측면도 있습니다. 한참 이런 면이 중요해 보일 때는 기획과 실행을 통한 성공이 인간의 능력과 인생의 행복을 평가하는 가장 중요한 기준처럼 생각하게 됩니다. 하지만 체념하는 운명론적 태도가 옳지 않은 것처럼 내 인생이 다 나에게 달렸다고 생각하는 것 역시 오만이고 환상입니다.

중요한 것은 인생이 이러한 서로 상반된 얼굴을 가지고 있다는 것을 기억하는 것입니다. 사람마다 그 정도는 다르고, 한 사람의 인생에 있어서도 시기마다 그 양상은 다르다 하더라도 인생의 한 측

철학자의 음악서재, C#

면이 다른 측면을 완전히 덮어버리지는 못합니다. 자신을 돌아볼 수 있는 지적, 감정적 성숙함이 중요한 이유는 인생이 이처럼 복합적이기 때문입니다.

누스바움이 중요하게 여기는 회고적 감정은 우리에게 큰 유익을 주는 축복입니다. 돌아볼 줄 알 때, 회고적 감정을 긍정적으로 소화하게 될 때, 우리는 인생이 우리에게 보여주는 여러 얼굴들과 자신의 약점을 모두 포용하고 받아들이는 준비를 할 수 있습니다. '내 인생의 이야기'를 돌아볼 수 있는 사람은 눈앞의 이익과 욕구에만 고착된 자기중심주의에서 벗어날 수 있고, 자신을 비하하고 다른 사람과 비교하는 것을 그치기 시작합니다. 이제 비로소 인생에 있어 정말 중요한 것이 무엇인가가 또렷하게 보입니다.

인생은 사랑하는 사람에게 향하는 길

누스바움은 인생에서 중요한 것이 무엇인지 독자를 대신해서 결론을 내리지는 않습니다만, 그것이 '사랑'이라는 것에 대해 저자가 이의를 갖진 않으리라는 생각을 하게 됩니다.

누구나 자신의 삶을 진솔하게 돌이켜본다면 인생에 남는 것은 사랑의 자취라는 것을 알게 됩니다. 다만 사랑의 양태나 대상은 다양할 것입니다. 아이에 대한 사랑, 가족 간의 사랑, 남녀 간의 사랑, 우정, 동료애, 박애적인 인류애, 지역 공동체나 국가에 대한 사랑, 반려동물에 대한 사랑, 자연에 대한 사랑, 예술작품과 창작 활동에 대한 열정 어린 사랑, 자신의 일에 대한 헌신과 사랑 등. '사랑의 얼굴'은 여럿입니다. 어떤 사람에게는 사랑의 여러 얼굴이 종교적 체험을 통해서 신에 대한 사랑으로 한데 모여질 수 있습니다.

　무엇인가를 사랑하고 사랑의 자취를 소중하게 돌아보는 한 우리는 살아있는 것이고 인생을 사랑하는 사람입니다. 사랑의 대상은 다양하지만, 우리가 처음 사랑을 제대로 배우는 것은 사람에 대한 사랑을 통해서입니다. 사랑의 마음을 지니는 것은, 연인이든, 가족이든, 벗이든, 누군가 어떤 '사람'을 향하는 것입니다. 우리가 누군가를 사랑했고 사랑하는 것이 인생에서 어떤 의미가 있는지를 돌아보면서 인생에서 중요한 것이 무엇인지를 다시 확인합니다. 사랑의 역사를 가진 사람은 인생은 살 가치가 있는 것이라는 믿음을 이어갈 수 있습니다.

세상의 모든 것이 그렇듯, 사랑 역시 왜곡될 수 있습니다. 우리에게 사랑을 선사하고, 사랑을 불러일으키고 그 사랑이 향하게 하는 사람을 귀하게 여기고 존중하고, 그에게 감사하는 것이 내가 하는 사랑을 지키고 꽃피우는 길입니다. 우리의 인생이 좋은 삶이었는가는 우리의 사랑이 결정할 것입니다. 사랑하는 이를 향하는 것이 인생이기 때문입니다. 사랑을 향한다는 것은 사랑을 부르는 것이고, 사랑에 의해 불리는 것입니다.

사랑하는 이를 부르고 사랑하는 이의 부름을 향하는 여정이 인생이라는 것을 명상하면서 요한 제바스티안 바흐의 음악 한 곡을 떠올려 봅니다. 오르간 전주곡 '나는 당신을 부릅니다. 님이신 예수 그리스도여(Ich ruf' zu dir, Herr Jesu Christ, BWV 639)'입니다. 3분 정도 밖에 되지 않는 작고 소박한 곡이지만 여운은 길고 마음에 깊이 와 닿는 곡입니다. 사랑받는 오래된 찬송인 이 곡을 바흐는 오르간을 위해 편곡해 〈오르간 소곡집Orgelbüchlein, BWV 599-644〉에 수록했습니다. 바흐의 이 곡은 종교적 헌신의 마음을 담은 곡이지만, 엄숙하기만 한 것이 아니라 애수를 담은 듯 아름다운 멜로디는 인간의 사랑을 향한 갈망을 떠오르게 합니다. 인생 속에서 사랑의 갈망은 많은 명과 암을 겪습니다.

이 음악이 영화에서 감동적으로 사용된 장면이 러시아의 영화감독 안드레이 타르코프스키의 영화 〈솔라리스〉(1971)에 나옵니다. 안드레이 타르코프스키(1932-1986) 감독의 영적이며 정신적인 영화들은 20세기 예술의 위대한 유산이고 수많은 사람들을 감동시켰습니다. 그의 대작인 〈안드레이 루블레프〉나 후기 작품인 〈향수〉, 〈희생〉은 신학자들과 종교학자, 철학자들에게도 좋은 연구와 명상의 대상이 될 정도로 깊은 예술성을 지니고 있습니다.

그는 바흐 음악에서 많은 영감을 받았고 바흐의 예술과 인격에 대해 깊은 존경을 가지고 있었습니다. 그가 '마태 수난곡'의 아리아 한 곡을 〈희생〉에서 사용하고 있는 것은 잘 알려져 있습니다만, 스타니슬라프 렘의 유명한 SF 작품을 실존적이고 윤리적 관점에서 영화화한 〈솔라리스〉에서 듣게 되는 바흐의 이 오르간 전주곡 역시 감동적입니다. 영화 〈솔라리스〉를 보면 주인공이 우주 정거장 안에서 피하고 싶은 자신의 과거 기억과 직면하는 장면에서 이 음악이 흘러나옵니다. 영화에서 가장 인상적인 부분으로 많은 사람들이 꼽는 대목이기도 합니다. 영화가 표현하는 죄책감에 따른 고통과 불모의 사랑에서 오는 아픔은 이 음악의 숭고함을 통해 더 처절하게 느껴집니다.

바흐의 이 오르간 전주곡의 원 오르간 연주곡은 개인적으로는 헬무트 발하Helmut Walcha와 미셸 샤퓌Michel Chapius의 음반으로 참 많이도 들었던 추억이 있습니다. 바흐의 이 오르간 곡을 위대한 피아니스트이자 작곡가였던 페루치노 부조니Ferruccio Busoni(1866-1924)는 피아노를 위해 편곡했고, 수많은 피아니스트들이 이 곡을 연주하고 녹음했습니다. 피아노로 듣는 이 곡은 보다 직접적이고 감상적으로 마음을 위로합니다. 피아노 연주로 이 곡을 들으면 사랑하는 존재를 향해 나아가고자 하는 갈망이 어두운 마음에 빛을 비추듯 피어나는 느낌입니다.

이 곡을 최근에는 비킹구르 올라프손Víkingur Ólafsson(1984-)의 연주로 자주 듣게 됩니다. 아이슬란드 출신의 젊고 영민한 피아니스트 올라프손은 현대 미국 작곡가 필립 글래스의 작품을 낭만적으로 해석한 음반 〈필립글래스 피아노 작품집(Philip Glass – Piano Works)〉(2017)으로 격찬을 받았고, 이어서 바흐의 건반악기곡들과 건반악기를 위한 편곡들을 모은 〈바흐 피아노 작품집(Johann Sebastian Bach)〉(2018)을 내놓았습니다. 이 음반에 '나는 당신을 부릅니다. 님이신 예수 그리스도여'가 실려 있습니다. 그의 바흐 연주에서도 필립 글래스의 음악을 명료하면서도 서정적인 현대적 감수성으로 해석한 전작에서의 장점이 잘 나타나서 참신한 매력을 느낄 수 있습니다.

이번 가을에는 또 다른 젊은 뛰어난 피아니스트의 연주로 바흐의 코랄 전주곡을 들을 기회가 생겼습니다. 나이를 믿지 못하게 하는 깊은 해석과 현대적이면서도 참신한 선곡으로 잘 알려진 러시아 출신 독일 피아니스트 이고르 레빗의 새로운 음반인 〈만남(The Encounter)〉에는 바흐의 '코랄 전주곡'과 브람스의 '네 개의 엄숙한 노래들' 등이 실려있는데, 부조니가 편곡한 바흐의 오르간을 위한 코랄 전주곡 '나는 당신을 부릅니다. 님이신 예수 그리스도여'를 들을 수 있습니다.

이 오르간 전주곡은 관현악 편곡으로도 감상할 수 있습니다. 바흐 곡을 오케스트라로 연주하는 것으로 명성을 얻은 인물로는 지휘자 레오폴드 스토코프스키(1882-1977)가 있습니다. 그는 디즈니의 전설

사랑하는 이를 향해 가는 길

적인 음악 애니메이션 〈환타지아〉(1940)나 디아나 더빈이 주연한 헨리 코스타 감독의 추억의 영화 〈오케스트라의 소녀〉(1937)에도 등장할 만큼 당대에 미국에서 가장 인기 있는 지휘자이기도 했는데, 거의 마흔 곡이 넘는 바흐의 곡을 대형 오케스트라를 위한 교향악풍으로 편곡해서 바흐를 대중화시키는 데 큰 역할을 했습니다.

필라델피아 오케스트라를 비롯한 여러 관현악단과 남긴 그의 음반들은 여전히 많은 사랑을 받고 있고, 그의 편곡을 오늘까지 여러 교향악단이 즐겨 연주하고 있습니다. 편곡한 곡 중에는 '관현악 조곡'이나 '토카타와 푸가' 같은 대곡들뿐 아니라 작은 코랄들도 있는데, 그중에 이 곡도 있는 것이지요.

최근에는 러시아 정교회의 대주교이자 오늘날 중요한 교회 음악가로 꼽히고, 여러 신학서를 낸 국제적으로 알려진 신학자이자 종교 간 대화에서 중요한 인물이기도 한 힐라리안 알페예프Hilarion Alfeyev(1966-)가 바흐의 곡들을 편곡하고 러시아 국립 오케스트라를 지휘한 바흐 음반인 〈Ich ruf's zu Dir, Herr Jesu Christ〉(2017)를 접하게 되었습니다. 마침 이 곡이 첫 번째 곡으로 실려 반갑습니다. 알페예프 주교는 음반 해설에서 바흐 음악의 보편성을 다음과 같이 잘 요약하고 있습니다.

영적 상징과 영적 보화로 가득 차 있는 바흐의 음악은 모든 시대의 사람들을 향한다. 그의 음악은 결코 구닥다리가 아니고, 인간

삶 속 경험의 중심을 어루만지고 있다.

종교적 감성과 평범한 사람들의 일상에서 길어 올린 인간적 갈망이 서로 동떨어진 것이 아님을 바흐의 음악에서 발견합니다. 바흐의 이 작품은 신에 대한 인간의 쉼 없는 갈망과 사랑을 나타내는데 관현악으로 편곡한 곡을 들을 때는 또 다른 측면에서 이 곡이 갖는 상징성을 떠올려 봅니다.

알페예프의 편곡은 그 주조음이 트럼펫에서 오보에로, 또 바이올린으로 옮겨가는데 이는 음반 해설이 잘 설명하고 있듯이 서로 다른 시대와 장소에 있는 각 개인이 지닌 다양한 삶의 경험과 애환, 그리고 갈망과 탄원을 음악으로 표현하는 것이라고 할 수 있습니다.

깨끗한 마음과 함께 사는 법

'마음의 이유'와 '사랑의 일'

블레즈 파스칼은 《팡세》(현미애 옮김, 을유문화사, 2013)에서 마음은 이성이 모르는 '마음의 이유'를 가지고 있다고 말합니다. 이는 '비논리적', '비이성적'인 것을 말하는 것이 아니라 학문적 이성이나 산술적 계산, 이득과 타산의 합리성을 넘어서 인간 깊은 곳의 신비를 감지하는 능력입니다.

《팡세》의 또 다른 곳에는 '물질의 질서', '정신의 질서', '사랑의 질서'를 구분하는 단상들이 나옵니다. 물질의 질서는 정신의 질서에 오르지 못합니다. 그 사이에는 질적인 차이가 있습니다. 여기서 정신은 이성과 학문의 세계를 말합니다. 다른 한편으로 정신의 위대한 업적이 아무리 많다 해도 사랑의 작은 실천을 대신하지 못합니다. 사랑의 질서와 정신의 질서 사이에 역시 넘을 수 없는 차이가 있습니다. '마음의 이유'는 그러니 '사랑의 질서'에 속하려는 인간 존재의 움직임입니다. 이것이 인간이 가야 하는 길입니다. 그 길은 예수 그리스도의 사랑을 깨닫는 회개를 통해 우리에게 열린다는 것이 파스칼의 확신이었고, 예수 그리스도에게 가는 길을 '변증'하는 것이 미완의 수고로 남은《팡세》의 집필 의도였습니다.

'마음'이라는 단어를 대할 때 가끔 마음이 아려옵니다. 세상 속에서 우리의 마음이 온통 상처받고, 쌓인 먼지로 흐려있기 때문입니다. 온갖 지식과 정보와 소문이 폭발하듯 쏟아지는 세상 가운데 거짓과 진실을 가려내기 어렵습니다. 매일 내 이익을 악착같이 지켜내는 타산적 사고 없이는 생존하기 어려울 것 같은 팍팍한 시대에, 마음이 제대로 숨 쉴 곳이 그리워집니다. 내 마음의 순수성을 나도 믿기 어렵습니다. '안식을 잃은 내 마음은 어디서 위안을 얻을 것인가? 삭막해진 내 마음이 언젠가는 나와 다른 사람들에게 따뜻한 집이 되어 줄 수 있을 것인가?' 이렇게 스스로에게 쓸쓸하게 묻습니다.

마음은 정서와 느낌의 자리입니다. 인간이 살아간다는 것은 희로애락을 느끼는 것으로, 기쁨과 슬픔이 교차하며 살아있음을 생생히 체험하게 하는 것이 마음입니다. 그런데 파스칼이 잘 통찰했듯이 성서적 인간관에서 마음은 감정의 자리만이 아니라 삶의 진리에 생명을 부여하는 힘이기도 합니다. 우리에겐 추상적 이성이 깨닫는 자연법칙 같은 객관적 진리만이 아니라 살아가면서 일상에서 알아야 하고 행해야 하는 진리들이 있습니다. 그러한 행위의 진리를 깨닫는 곳이 바로 마음입니다. 오늘날 우리에게 익숙한 단어를 쓰자면, 마음은 '양심'의 자리이기도 합니다. '마음의 이유'를 따르는 삶, '사랑의 질서'에 속한 삶을 다른 말로 표현한다면 '깨끗한 마음'으로 사랑하는 것입니다. 깨끗한 마음으로 사랑하는 것은 진리를 담고 살며 사랑하는 것입니다.

덴마크의 철학자이며 실존철학을 미리 예비했다고 평가받는 쇠렌 키르케고르(1813-1855)는 인간의 존재 이유는 '사랑의 일'에 있다는 것을 평생의 고뇌와 분투로 보여줬습니다. 40이 갓 넘은 나이에 차가운 코펜하겐 거리에서 뇌출혈로 쓰러져서 세상을 떠날 때까지 시대와 불화하고 사회생활의 방편과도 같은 종교 실천에 자족한 당시 시민 사회에, 쓰디쓴 예언자가 되어 '사랑의 일'을 하는 것이 무엇인지를 글과 삶으로 보여줬습니다.

그를 유명하게 한 일련의 명저들인 《이것이냐 저것이냐》, 《불안의 개념》, 《죽음에 이르는 병》, 《두려움과 떨림》에서 관능적 욕망을 매개로 자기중심적 순환 속에 갇힌 미학적 단계, 도덕적 의무에 투신하는 도덕적 실존, 초월을 향한 도약을 감행하는 종교적 실존이라는 인간 실존의 세 가지 단계들을 집요하게 추적했습니다. 그리고 생의 마지막까지 그에게 중요한 의미를 가졌던 성서 말씀에 대한 묵상과 설교에서 단순한 사랑을 얻고 행하기 위해 '그리스도인의 훈련'을 수행했습니다.

그가 자신의 모든 철학적, 종교적 씨름을 통해 도달한 결론은 '사랑의 일'이라는 말에 담겨있습니다. 신앙을 갖지 않은 사람이라 할지라도 키르케고르가 인생에서 무엇보다 중요한 것은 사랑의 결실이며, 인생은 결국 '사랑의 일'이라는 가르침은 마음에 새겨둘 필요가 있습니다. 그리고 인생을 '사랑의 일'이라 부르고자 한다면 진리 안에서 사랑해야 함을 기억해야 합니다. 깨끗한 마음을 가진 자는 진리 안에서 사랑하는 사람이며, 깨끗한 마음은 진리 안에서 사랑하며 자라납니다.

진리가 자유롭게 하리라

키르케고르는 자신의 아름답고도 준엄한 책인 《사랑의 역사》(임춘갑 옮김, 치우, 2011)에서 사랑과 인간 실존의 심오한 관계에 대해 알려줍니다. 호수에서는 그 표면을 지나 근원을 보는 것이 불가능하듯, 사랑 역시 그 생명의 물줄기를 눈으로 직접 볼 수는 없습니다. 사랑은 오직 '열매'를 통해서만 알려집니다. 그러니 사랑은 '사랑의 일'로서만 알아볼 수 있습니다. 키르케고르는 인간이 하는 사랑이 가진 생명력의 뿌리는 하느님의 사랑이라고 말합니다. 성서는 하느님의 사랑을 '아가페'라고 말합니다. 종교적인 차원을 떠나 풀이하자면, 아가페는 더 이상 자기애에 구속되지 않는 자유로운 사랑, '깨끗한 마음'의 사랑을 의미합니다. 인간의 사랑이 이러한 자유로움을 지닐 때, '사랑의 일'이 이루어집니다.

'사랑의 일'은 그 사람의 생애를 헛되지 않고 풍요롭고 의미 있게 합니다. 깨끗한 마음의 사랑이 결실을 내는 것은, 자기 자신에게 속지 않을 때 가능합니다. 키르케고르는 대부분의 사람들이 다른 사람들에게 속지 않기 위해서, 때로는 사랑에 속지 않기 위해 영리해지려 하지만 그것이야말로 가련하고 우스꽝스러운 것이라고 꼬집습니다. 사람들은 자기 자신을 속임으로써 사랑과 담을 쌓고, 자신에게 주어진 사랑의 의무를 외면합니다.

자기애에 빠져 타인을 대하며 사랑이라고 착각하기도 합니다. 아니면 고독의 벽 속에 자신을 유폐합니다. 키르케고르는 스스로를 속이며 진정한 사랑 없이도 그럭저럭 살아갈 수 있고, 그런 자신이 똑똑하다고 믿는 사람은, '영원'과 대면하는 순간에 사실은 모든 것을 잃었다는 것을 알게 되리라고 경고합니다. 그에 의하면 깨끗한 마음의 사랑 없이는 인간의 삶은 헛된 것이기에 삶은 더없이 엄숙합니다.

파스칼과 키르케고르를 읽다 보면 자연스레 아우구스티누스에게로 거슬러가기 마련입니다. 세 명의 위대한 철학자들을 관통하고 있는 주제는 마음과 신앙과 사랑이며, 이 세 가지가 참되다면 인간은 행복합니다. 이들의 철학은 자기를 기만하는 삶과 결별하고 자유를 얻

깨끗한 마음과 함께 사는 법

으려는 의지에서 시작합니다. 히포의 아우구스티누스(354-430)는 고대 로마의 문화적 교양의 마지막 대변자이자 그리스도교 학문의 시작점이 되었고 가톨릭교회에서 성인으로 시성되었습니다. 그는 자신의 만고의 걸작《고백록》에서 하느님을 부르고 찾으며 찬미할 뿐더러, 자신의 생애를 되돌아보며 자기 자신에게도 심연이자 수수께끼인 내면을 살펴봅니다.

그는 자신의 '불투명한 마음'을 처절히 자각합니다. 내면의 참된 자아로의 여정은 무엇보다 먼저 하느님을 향해 옹색하고 무너져가는 '영혼의 집'인 자신의 마음을 넓혀주고 깨끗이 해달라는 절실한 기도에서 시작합니다. 아우구스티누스는 하느님은 진리이시라고 고백하며, 자기 자신을 속이고 싶지 않다는 간절한 갈망을 올립니다. 아우구스티누스는 진리 안에서, 진리이신 신을 사랑하는 것에서 인간의 행복은 완성된다고 가르칩니다.

그가《고백록》에서 남긴 유명한 격률, "사랑하라. 그리고 당신이 원하는 것을 하라"는 자주 인용되지만, 그 참뜻이 오해되기도 합니다. 인간을 진정 자유롭게 하는 사랑은 오직 깨끗한 마음으로 진리 안에서 행하는 사랑일 뿐입니다. '요한 복음'이 전해주듯 진리는 인간을 자유롭게 합니다(요한 복음 8, 32). 그러나 인간이 이 진리를 자신 안에 품는 것이 결코 쉬운 것이 아님을 아우구스티누스는 숨김없이《고백록》에서 전해주고 있습니다. 진리를 통해 자유로워지는 삶에는 아픔들이 있습니다. 그러나 그 체험들은 인생에 빛을 보여주는 순간들이기에 이에 의지하며 한 발씩 걸어 나가야 합니다.

요한 복음이 말하는 '진리'는 성령이 선사하는 자유이자 생명의 충만함이고 영원한 생명의 선취입니다. 이것은 인간의 철학을 넘어섭니다. 신앙을 갖지 않은 사람들에게도 '진리가 너희를 자유롭게 하리라'는 말씀은 중요한 철학적 깨달음이 될 것입니다. 인간이 자신의 마음을 날카롭게 하고 투명하게 하며 행동의 숨은 의도를 자기 자신에게 보여주는 태도, 이것은 진리에 나를 드러내는 태도입니다.

철학자 마르틴 하이데거의 표현대로 심오한 차원에서 진리는 단지 인간의 말과 인식의 '맞음'이 아니라, 인간 내면이 은폐되어 있는 것을 그치고, '존재의 빛'에 의해 드러나는 '개현성'입니다. 자기 자신이 조금 더 투명해지는 것은 진리를 행하는 첫 발자국입니다. 이제 비로소 진리는 나를 자유롭게 합니다.

깨끗한 마음으로 사랑하기 위해서는 진리에 나를 비추어봐야 합니다. 이는 사실 힘겨운 일입니다. 용기와 겸손이 필요합니다. 내가 확신과 자긍심을 가지고 했던 일들, 충분한 이유가 있다고 합리화한 행동을 습성의 마음이 아니라 '깨끗한 마음'에 비추어 숨어있는 이기심과 욕망의 뿌리를 드러내야 하기 때문입니다. 이런 작업을 할 때 우리가 느끼는 분노와 실망, 좌절과 슬픔은 결코 가볍지 않습니다.

노벨 문학상을 수상하기도 한 일본의 양심을 상징하는 작가 오에 겐자부로는 언젠가 문학의 본질을 '양가성'이라고 말했습니다.

깨끗한 마음과 함께 사는 법

진리의 준엄함을 직시하되 그 진리를 따르지 못하는 인간의 나약함을 잘 이해하고 그로부터 생기는 슬픔을 그려내는 것이 문학이라고요. 위대한 종교의 가르침들이 알려주듯이 우리는 진리를 사랑하되, 슬픔과 아픔과 약함에 마음을 열 수 있어야 합니다.

깨끗한 마음은 결벽하고 가혹한 마음이 아닙니다. 깨끗한 마음으로 살아가는 것이 어려운 약한 존재가 바로 나이고, 그대이고, 그녀이며, 그입니다. 문학이 그러한 인간 존재의 슬픔을 이해하고 위로하듯 우리의 마음도 스스로를 품어주고 다른 사람들에게 공감과 연민을 가질 수 있어야 합니다. 하지만 주저앉아 있어서는 안 됩니다. 용서와 겸손에서 힘을 얻고 진리 안에서 사랑하는 것을 감행해야 합니다. 진리를 향하고 자신 안의 깊은 어둠을 직시하는 것, 그것은 사람이 할 수 있는 가장 어려운 일에 속합니다.

신앙인은 진리 안에서 사랑하는 모험이란 오직 나를 사랑하는 하느님의 따뜻한 손길을 느낄 때 포기하지 않고 할 수 있다고 말할 것입니다. 하지만 하느님의 손길은 나를 품어주고 안아주며 부드럽게 이끄는 누군가의 마음을 통해 다가옵니다. 그렇다면 '깨끗한 마음'으로 사랑하는 그 어려운 일을 우리가 해내는 비밀은 신앙을 가진 사람에게나 갖지 않은 사람에게나 같은 것입니다. 누군가의 따뜻한 마음의 손길을 받아들이는 것, 그리고 누군가에게 따스한 마음의 손길이 되는 것입니다.

깨끗한 마음으로 살아가는 것은, 나의 강직함과 옳음을 증명하며 살아가는 것이 아닙니다. 나 자신을 끊임없이 자책하며 사는 것도 아닙니다. 나 자신을 안아주며 다른 사람을 사랑하려 애쓰는 것입니다. 내가 남을 안아줄 수 있을지 모르지만 '나를 안아주는 것'은 나 혼자서 할 수 있는 일이 아닙니다. 조건 없는 하느님의 자비하시고 크신 마음에 나를 여는 것, 누군가의 사랑과 염려의 마음을 믿고 그 안에 쉬는 것입니다. 깨끗한 마음으로 사랑하고 살아가는 것은, 결국 나의 마음이 또 다른 마음과 만날 때 지속될 수 있습니다.

내 인생의 '이노센스 미션'

깨끗한 마음으로 살아가고 사랑하는 인간의 길에 대해 잔잔하면서도 아름답게 긴 세월을 노래해온 음악인들이 있습니다. 미국 필라델피아 출신의 포크 그룹 '더 이노센스 미션The Innocence Mission'입니다. 그룹명인 '순수한 사명'이 이러한 삶의 여정을 잘 말해주고 있습니다. 부부인 카렌 페리스Karen Peris와 돈 페리스Don Peris, 그들의 오랜 벗 마이크 비츠Mike Bitts의 3인조 그룹인 '이노센스 미션'은 고유하고 정갈한 음악을 수십 년간 변함없이 들려주고 있습니다.

카렌 페리스의 비교하기 힘든 호소력 가득한 청아한 목소리와 나머지 두 멤버들의 영롱하면서 동시에 정감 있는 연주는 마음을 어루만지고 위로해줍니다. 모두 깊은 가톨릭 신앙을 지니고 있는 이들의 만남은 고등학교 시절인 1985년까지 거슬러가고 1989년 첫 앨범을 내놓은 이후 거의 30여 년의 세월 동안 '깨끗한 마음으로 살아가고 사랑하는 사명'을 노래로 다하고 있습니다. 그들의 2010년 앨범 〈나무들 속의 나의 방(My Room in the Trees)〉에 있는 노래인 '하느님은 사랑이시다(God is Live)' 마지막 구절은 그들의 음악과 인생에 근본 확신처럼 들립니다.

God is love. / And love will never fail me.
하느님은 사랑이세요. /
그리고 사랑은 결코 나를 저버리지 않습니다.

그들의 음악적 여정을 따라가는 것은 마치 깨끗한 마음과 함께 사는 것은 행복이라는, 긴 세월을 통해 깨달은 잔잔한 고백을 듣는 것 같습니다. 팀 이름과 같은 첫 앨범을 1989년에 출반했고, 이어 1991년에 두 번째 앨범인 〈우산(Umbrella)〉을 통해 이름을 조금씩 알리기 시작했습니다. 들어보면, 당시 유행하던 '모던 록'의 느낌이 나면서도 사랑과 신앙심에 의지해 청춘의 격동기를 헤쳐나가는 젊은이들의 깨끗한 마음을 들여다보는 느낌입니다. 이 앨범에 실린 '저녁기도(Evensong)'는 엠마 왓슨이 출연해 유명해진 영화 〈월플라워〉(2012)에 수록되어서 뒤늦게 많은 사랑을 받았습니다.

이후에 이어지는 앨범들은 일반적인 인디-모던-포크 록의 분위기를 가지면서도 그들만의 고유한 특징들이 잘 드러나 있습니다. 이런 경향을 잘 집약하고 있는 앨범이 〈성장(Glow)〉인데, 이 앨범의 '노랑처럼 밝은(Bright as Yellow)'은 멋진 영화음악으로 평가받는 영화 〈엠파이어 레코드〉에 수록되어서 이들의 진가를 알리는 데 기여했습니다.

초창기 4인조에서 카렌, 돈, 마이크의 3인조 구성으로 정착되면서 그들의 음악은 더 이상 모던 록이나 포크로 규정할 수 없는, 비교하기 어려운 개성을 띠게 됩니다. 가장 일상적이면서도 영성적이고, 깨끗하면서도 따뜻한, 소박하면서도 풍요로운 음악을 들려줍니다. 보다 더 독립적인 음악 활동의 기반을 완성한 후 2000년대 들어 그들은 서두르지도 멈추지도 않으면서 몇 년에 한 번씩 꾸준히 내놓은 앨범들인 〈친구가 되어(Befriended)〉(2003), 〈노래 속을 걸었지(We Walked in Song)〉(2007), 〈나무들 속의 나의 방(My Room in the Trees)〉(2010) 등은 모두 아름다운 음악으로 가득 차 있습니다.

어머니에게 헌정한 〈친구가 되어〉는 많은 평론가들과 팬들이 그들의 최고 앨범으로 꼽는 명작입니다. 이 앨범에는 시를 통해 깊은 영성과 신학적 통찰을 전한 위대한 종교시인이자 예수회 사제인 제럴드 맨리 홉킨스의 시를 가사로 삼은 명곡 '폭풍은 오지 않으리(No Storms Come)'가 실려있기도 합니다. 이 곡은 인생에서 희망의 의미를 감동적으로 전해줍니다. 앨범 〈노래 속을 걸었지〉의 첫 번째 곡인 '사람의 형제애(Brotherhood of Man)'는 길에서 스쳐 지나며 나누는

깨끗한 마음과 함께 사는 법

잠깐의 미소에서도 인류는 형제애라는 위대한 가치의 작은 조각을 만난다는 사실을 노래합니다.

한편, 이들의 음악 중에서 가장 많은 사랑을 받는 음반은 〈이제 하루가 끝났어요(Now the Day is Over)〉(2004)일 것입니다. '이노센스 미션'의 앨범 중에서 특이하게 '오버 더 레인보우', '에델바이스', '왓 어 원더풀 월드' 등 다른 가수들의 노래나 클래식의 유명한 곡들을 모은 앨범입니다. 카렌과 돈 부부가 그들의 아기를 위해 자장가로 부르다가 앨범으로 발전했다고 합니다. 이 앨범의 수익 일부는 가톨릭교회의 어린이 구호 기금 등 여러 자신 단체에 기부되었고, 그 정신을 살려서 우리나라에 라이선스 음반이 발매될 때도 기부에 참여했습니다.

앞서 2000년에는 자신들의 고유 음반사에서 전적으로 어린이들을 위한 자선 목적으로 〈그리스도는 희망(Christ is Hope)〉이란 음반을 냈습니다. 성가곡과 민요, 그리고 자신들이 작곡한 종교적 내용의 신곡들이 담겨있습니다. 아주 예전의 흑백사진이 표지인데, 소녀들이 첫 영성체를 하는 듯 면사포를 쓰고 사제 앞에 장궤를 하는 모습은 이들의 음악과 삶의 뿌리를 짐작하게 합니다.

이들은 고맙게도 최근까지 좋은 앨범을 꾸준히 발표하고 있습니다. 2018년 앨범 〈광장에 내리는 햇빛(Sun on the Square)〉도 이전의 앨범에 못지않은 높은 평가를 받은 훌륭한 음반입니다. 앨범 발표

후 2018년 11월에 이들은 유명한 '타이니 데스크 콘서트Tiny desk concert'에서 노래했습니다. 유튜브에 공개된 이 실황 영상에서 이들은 〈광장에 내리는 햇빛〉에 실린 '녹색 버스(Green Bus)'와 '겨울의 빛(Light of Winter)'과 함께 그들의 명반 〈친구가 되어〉에서 '내일도 정처 없이(Tomorrow on the Runway)'를 골라 들려줍니다. '더 이노센스 미션'의 아름다운 음악만이 아니라 살짝 수줍어하면서도 따뜻하고 나긋한 모습도 마음을 위로합니다.

올 1월에 나온 새 앨범 〈내일 또 만나요(See You Tomorrow)〉도 기대를 저버리지 않는 좋은 앨범이고, 앨범 공개 전에 수록곡인 '너의 편이야(On Your Side)'의 공식 뮤직 비디오를 공개했는데, 이 노래 제목이야말로 그들이 노래로 사람들에게 어떤 위로를 주고 싶은지를 잘 보여주고 있습니다.

깨끗한 마음으로 살고 사랑하는 것은 우리 모두에게 주어진 '이노센스 미션'입니다. 그 길이 힘들고 슬플 때도 있지만, 서로가 서로의 편이라는 것을 알고 기대고 안아주는 마음이 되어 만날 수 있다면, 우리 모두는 그 길을 끝까지 걸을 수 있을 것입니다.

깨끗한 마음과 함께 사는 법

자비의 노래

'푸른 레인코트'를 꺼내며

겨울을 지내며 봄을 기다리는 시간 속에는 여러 번 힘겨운 고비들이 있기 마련입니다. 특히 성탄과 신년의 축제를 다 보내고 남은 겨울을 지내는 때에 우울감이 찾아오기 쉽습니다. 차가운 날씨처럼 인생에 신산한 마음만 남았다는 예감에 사로잡히기도 합니다. 세상에는 곤궁하고 가련한 사람들이 왜 이리 많은지 답답해하다 내 신세마저 초라하고 서글프게 느껴집니다. 겨울에서 봄으로 이어지는 긴 터널의 시간이 내내 지속될 것 같고, 매서운 추위는 영원할 것만 같습니다. 봄소식이 들려와도 정작 내 안에는 꽃이 필 기색이 보이지 않을 때, 이제 기댈 것은 자비뿐임을 생각합니다.

자비를 소망하며 겨울의 끝에 듣고 싶은 음반이 있습니다. 미국의 작곡가이자 가수인 제니퍼 원스Jennifer Warnes가 포크 음악사에서 가장 뛰어난 음유시인 중 한 사람으로 꼽히는 캐나다의 싱어송 라이터 레너드 코언Leonard Cohen(1934-2016)의 명곡들을 다시 해석한 앨범 〈페이모스 블루 레인코트Famous Blue Raincoat〉입니다.

제니퍼 원스는 누구보다도 레너드 코언의 노래를 부를만한 자격이 있는 사람입니다. 그녀는 코언의 백 보컬로 시작해 오랜 시간 그를 음악적으로 동반하며 코언의 여러 앨범에 참여했고, 그의 음악을 잘 이해하고 아끼는 사람 중의 하나입니다. 그녀와 코언의 신뢰 관계는 이 음반에서 특별히 코언이 제니퍼 원스와 함께 '잔 다르크(Joan of Arc)'라는 곡을 노래하고 있는 것에서도 짐작할 수 있습니다. 둘이 함께 부르는 '잔 다르크는'는 성녀 잔 다르크가 죽음을 앞두고 신랑인 '불'과 대화하는 내용으로 되어 있는 곡인데 절묘하면서도 신비주의적인 가사가 인상적인 명곡입니다.

이 노래는 레너드 코언의 가장 뛰어난 앨범 중 하나인 1971년에 녹음된 〈사랑과 미움의 노래들(Songs of Love & Hate)〉에 실려 있습니다. 중세시대 음유시인의 음악을 연상시키는, 좀처럼 만나기 어려운 독특한 아름다움이 있는 노래입니다. 노래를 부른다기보다 오히려 시가 흘러나오는 것 같은 코언의 창법 역시 독보적입니다.

제니퍼 원스의 앨범에 실린 두 사람이 함께 부르는 '잔 다르크' 역시 감동적입니다. 그녀가 청아한 미성으로 애절하게 말을 걸어오듯이 노래하고 그의 목소리는 욕심 하나 없이 기꺼이 감싸듯 부드

철학자의 음악서재, C#

럽게 배경이 되어주고 있습니다. 노래를 듣고 있노라면 나이 차이를 떠나 오랜 세월 숙성된 아름다운 우정이 느껴지고 마음과 마음이 만나는 대화의 자리와 같은 편안함이 있습니다.

'잔 다르크'도 참 좋아하는 곡이지만, 고등학교 시절 제니퍼 원스의 이 앨범이 발매되었을 때 빠져들었던 곡은 제목으로 삼고 있는 '페이모스 블루 레인코트'였습니다. 라디오에서 처음 듣자마자 마음에 들었고, 마침내 국내에 라이선스 앨범으로 발매되어서 LP를 구할 수 있게 되었을 때, 그 주간 내내 수십 번을 질리지도 않고 들었던 기억이 납니다. 역시 원곡은 〈사랑과 미움의 노래들〉에 담겨있습니다.

읊조리는 코언의 노래도 좋지만 감성적인 재즈풍의 연주와 제니퍼 원스만의 감정을 실은 노래가 잘 어울리는 새로운 해석의 '페이모스 블루 레인코트'는 대중적이면서도 품위가 있는 멋진 곡입니다. 전주에 이어 나오는 "12월의 마지막 날, 새벽 네 시에 나는 당신에게 편지를 쓰죠……"라는 첫 대목부터 듣는 사람을 사로잡습니다.

코언의 옛 명곡들에 새로운 생기와 감성을 선사한 이 앨범이 출반된 해가 1987년이니 그 후 세월은 30년도 더 흘렀습니다. 한동안 이 앨범을 잊고 있었습니다만, 우연히 얼마 전 2007년에 나온 '20주년 기념' 확장판 앨범을 만날 기회가 있었습니다. 몇 곡의 라이브 공연 실황이 선물처럼 수록되었고, 무엇보다 이 앨범에 관련된 여러 자료들과 레너드 코언이 제니퍼 원스에게 보낸 짤막한 편지들이 자료로 실

자비의 노래

려 있어서 이 앨범이 우정과 존경과 음악적 공감을 통해 자라났다는 것을 확인하는 기쁨이 있었습니다.

오랜만에 이 앨범을 여러 번 반복해 들으면서 음악의 아름다움에 빠져들다 보니 처음 듣던 시절의 예전 추억도 떠올랐습니다. 긴 세월이 지났고 이 앨범은 그 사이 시간을 이겨낸 '명반'이 되었습니다. 젊은 시절의 추억을 소환하는 소품으로서만이 아니라, 여전히 위로와 영감을 주는 이 음반에서 이제 내 마음을 가장 사로잡는 곡은 '베르나데트의 노래(Song of Bernadette)'입니다.

베르나데트의 노래

이 노래의 주인공은 피레네 산맥 아래에 있는 프랑스의 작은 마을 루르드에 살았던 가난한 시골 소녀 베르나데트 수비루(1844-1879)입니다. 그녀는 1853년 2월에서 7월까지 여덟 번에 걸쳐 성모님의 발현을 목격하고 대화한 것으로 알려져 있습니다. 그 후 수녀원에 입회하여 '숨은 삶'을 살다가 젊은 나이에 병으로 세상을 떠났습니다. 베르나데트가 목격한 성모님의 발현은 가톨릭교회가 공식적으로 인정한 매우 드문 경우이며, 베르나데트 수비루는 1933년에 교회에서 공식적으로 성인품에 올라 성녀로 불립니다. 한편 성모님의 발현 이후 루르드의 동굴에서 나오는 물을 통해 여러 명의 환자들이기적적인 치유를 받았고, 현재 루르드는 전 세계적으로 가장 많은 순례자들이 찾아오는 성지입니다.

《베르나데트의 노래(Das Lied von Bernadette)》는 원래 성녀의 이야기를 소재로 한 오스트리아 작가 프란츠 베르펠이 쓴 소설의 제목입니다. 이 소설에 기초해서 빅터 킹이 감독을 맡고 명배우 제니퍼 존스가 주연해 아카데미상까지 받은 추억의 영화 〈베르나데트의 노래〉(1943)가 탄생했습니다.

베르펠은 우리나라에는 별로 대중적으로 알려져있지 않지만, 당대에 역사소설로 수많은 독자들을 사로잡은 인기 작가이고 여전히 그 문학적 가치를 인정받고 있는 인물입니다. 베르펠의 여러 좋은 작품들이 있지만 그의 이름은 무엇보다도 베르나데트 성녀에 대한 이 소설을 통해 전 세계적으로 알려졌습니다. 작가가 이 작품을 쓰게 된 남다른 사연은 이 작품의 감동을 더해줍니다.

프란츠 베르펠은 유대인이었기에 오스트리아가 독일과 합병이 되고 반유대주의가 본격화되자 아내 알마-말러 베르펠을 비롯해 가족과 함께 나치의 추적을 피해 망명길에 올랐습니다. 프랑스를 거쳐 피레네 산맥을 넘어 중립 지대인 포르투갈까지 가야 미국으로 가는 배를 구할 수가 있는데 당장은 여의치 않아서, 그 기회를 엿보는 동안 피레네 산맥 자락에 있는 루르드에 피신하고 있었습니다. 그는 유대인이고 그리스도교 신자는 아니었지만 루르드에 있는 동안 베르나데

자비의 노래

트에 대한 이야기에 깊은 감명을 받았고, 성모님께 이 위기를 넘겨 목숨을 건지게 되면 꼭 성모님이 베르나데트에게 나타나신 이야기를 아름다운 문학작품으로 남겨 널리 알리겠다고 약속합니다.

그는 결국 미국으로 망명하는 데 성공했고, 불과 다섯 달 만인 1941년에 이 작품을 써서 출판해 그 약속을 지켰습니다. 베르펠은 몇 년 후 세상을 떠났지만 그의 《베르나데트의 노래》는 지금도 많은 사람들에게 큰 감동을 주는 진심이 담긴 명작으로 남았습니다. 이렇게 전해지는 극적인 후일담이 과장이 아니라는 것은 소설의 시작에 나오는 작가의 개인적인 '서문'에서도 확인할 수 있습니다.

프랑스가 함락당하고 난 후 1940년의 6월의 마지막 날들에 우리는 당시 우리의 집이 있던 남쪽 지방에서부터 루르드로 피신했다. (……) 위협 속에 지내던 어느 날, 나는 맹세를 했다. 내가 이 절망적인 상황에서 빠져나가서 구원되고 마침내 미국에 가게 된다면, 다른 저술 작업은 다 제쳐놓고 무엇보다 먼저 내가 할 수 있는 한 가장 훌륭하게 '베르나데트의 노래'를 부르겠노라고. 이 책은 그 맹세를 지키는 것이다. 우리 시대에 서사적 노래는 오직 소설의 형식만이 담을 수 있다. 《베르나데트의 노래》는 소설이지만, 허구가 아니다.

_ 로스앤젤리스에서, 1941년 5월 프란츠 베르펠

세상에 자비가 있기를

제니퍼 원스가 베르펠의 소설 제목에서 곡명을 따와 부른 '베르나데트의 노래'는 그녀와 코언이 함께 만든 노래이고, 이 앨범에 실린 다른 코언의 유명한 히트곡들과 달리 이 앨범에서 처음으로 대중에게 음반으로 공개되었던 곡입니다.

제니퍼 원스에게 베르나데트는 늘 특별한 성인이었습니다. 노래의 시작에 '베르나데트라는 어린아이가 있었지, 난 그녀에 대한 이야기를 아주 옛날에 들었어'라는 가사가 나오는데, 이는 제니퍼 원스 본인의 경험이기도 합니다. 그녀는 가톨릭계 학교에 다니던 아주 어린 시절부터 베르나데트 성녀의 이야기를 들었고 마음에 담아두었다고 합니다.

베르나데트는 그녀에게 어린 시절, 순수함의 상징과도 같은 성녀였습니다. 그녀는 가끔씩 '제니퍼'가 '베르나데트'에게 보내는 짧은 편지들을 쓰곤 했다고 합니다. 이는 세상풍파를 겪고 방황하며 음악 비즈니스 세계의 비정한 모습들을 대면하는 '제니퍼'가 '베르나데트'에게서 순수함과 위로를 얻는 방법이었을 것입니다. 제니퍼 원스는 레너드 코언과 함께 유럽 공연 투어 중인 1979년에 루르드 근처를 가는 중에 문득 생각이 나서 버스 속에서 이러한 편지들을 레너드 코언에게 보여주었고, 두 사람은 즉석에서 음악 작업을 했다

자비의 노래

고 합니다. 아름답고 숭고한 노래가 태어난 순간입니다.

'베르나데트의 노래'는 무엇보다 '자비의 노래'입니다. 그래서 사람의 마음을 그리도 깊이 위로하고 움직이는 힘이 있습니다. 성녀 베르나데트의 생애를 떠올리면서 노래의 화자는 세상의 슬픔에 함께 마음 아파하고 자비를 청하며, 자신 역시 그렇게 자비를 전하는 사람이 되기를 소망합니다.

노래 첫 대목의 가사에서 제니퍼 원스가 시골 소녀 베르나데트를 안쓰럽게 여기는 마음을 읽을 수 있습니다. 노래에서처럼 실제로도 베르나데트는 많은 고난을 겪어야 했습니다. 그녀가 귀부인이라고 생각한 성모님을 만난 이야기를 했을 때 아무도 가난하고 무식한 이 어린 소녀의 말을 믿어주지 않습니다. 심지어 교회에서 공식 인정을 한 후에도 여전히 많은 사람들이 의심하고 또한 시기하기도 합니다. 성녀는 많은 마음고생을 감수해야 했고, 수녀원에 입회한 후에도 역시 많은 인내와 겸손이 요구되는 삶을 살았습니다. 나중에는 심한 병고로 제대로 걷지도 못하고 통증에 시달려야 했고 서른다섯 살의 젊은 나이에 세상을 떠났습니다.

그러나 그녀는 온유함으로 그 세월을 신에게 선물로 봉헌하고 사람들에 대한 연민과 자비의 마음을 잃지 않았습니다. 제니퍼 원스는 우리 시대에 베르나데트와 같은 자비의 마음이 얼마나 필요한지 절절하게 노래하고 있습니다.

나는 세상에 있는 수많은 마음들이 부서지고 찢어진 것을 보았습니다. 당신들의 마음처럼, 나의 마음처럼……

그녀가 노래하듯 차가운 세상에서 부서진 마음들과 만나며 우리는 자비를 간절히 찾게 됩니다.

그러나, 세상엔 위로받아야 할 슬픔이 그토록 많았어요. 그러니 부디 세상에 자비가, 자비가 있기를.

차가운 대지에서 열매를 기다리며

사실 힘든 시기엔 너나할 것 없이 자신만을 돌보게 되기 쉽습니다. 그러나 그것이 사실은 불행의 더 큰 이유입니다. 이러한 진리를 말없이 깨우쳐주며 그러한 불행의 길 대신에 어려운 시기에도 사람됨을 지켜갈 수 있다는 것을 보여주는 사람들이 여전히 존재한다면, 그 시대는 그래도 희망이 남아있다 하겠지요. 자비로운 이들만이 세상의 희망임을 생각하게 됩니다. 자비로운 사람이 되려는 사람들이 남아있다면 그 시대는 희망이 있습니다. 그리고 나 스스로 역시 자비로운 사람이 되는 것만큼 인생에서 위대한 일은 없다는 것을 생각합니다. 자비로운 사람이 되는 것은 세상의 허명에서 마음을 돌릴 줄 아는 '회심'을 필요로 합니다. 자비는 천성이기도 하지만 세상이 우리에게 불어넣는 헛된 욕심들에서 마음을 지키려는 끈기 있는 투쟁의 열매이기도 합니다.

'베르나데트의 노래'를 들으며 자비로 향하는 인생길을 고민하다가 문득, 다른 노래 한 곡이 떠올랐습니다. 그 천재성을 당대엔 제대로 인정받지 못하고 세 장의 앨범만을 남긴 채 1970년대 초반 스물일곱 살의 아까운 나이로 세상을 떠난 영국의 포크 가수 닉 드레이크Nick Drake의 명곡 '과일 나무(Fruit Tree)'입니다. 그가 외로움 속에 세상을 등진 수십 년 후 그의 음악은 수많은 세계의 인디 음악가들에게 감동과 영감을 주고 많은 열매를 맺게 했습니다.

이 섬세하고 순수한 가인의 노래에 귀 기울입니다. 세상의 화려함이 아니라 조용한 자비의 노래를 듣는 것이 인생의 참뜻임을 겨울을 마침내 떠나보내며 기억하고자 합니다.

세상의 명성이란 오히려 해로운 것이며,
누구도 풍요롭게 하지 못하리라는 것을,
그것이 대지에 깊이 뿌리박고 있는 것이 아니라면.

코다Coda, 진솔한 고백

코다Coda. 곡의 어떤 부분을 마지막에서 다시 되짚어 연주하라고 지시하는 악상 기호입니다. 사전적 정의에 따르면, 악장에서 종결 효과를 강조하기 위해 덧붙이는 부분으로, 결미구結尾句 또는 종결부라고 번역합니다. '코다'란 음악 기호는 인생에 대한 상징이기도 합니다. 지금까지의 인생을 되돌아보고, 언젠가는 다가올 삶의 끝을 바라보는 엄숙하고 겸허한 인생의 지혜를 가르쳐줍니다.

류이치 사카모토Ryuich Sakamoto(1952-)에 관한 다큐멘터리 영화 〈코다Coda〉(2017)는 '코다'라는 말이 가진 무게와 깊이를 절실하게 보여줍니다. 그는 긴 세월 동안 다양한 음악적 모색을 통해 진화해왔고, 이제는 대중음악과 영화음악, 클래식 현대 음악 등 경계를 넘어 작곡과 연주에서 전 세계적인 대가로 인정받는 일본의 음악가입니다. 〈코다〉는 류이치 사카모토가 오랜 시간 동안 해온 음악적 탐색에 대한 회고와 근년의 경험과 심경이 담겨있는 겸허하면서 여운이 오래 남는 아름다운 영화입니다. 그는 '코다'라는 음악의 말을 마음에 품고 자신의 삶을 찬찬히 돌아보고, 지금의 순간을 응시하고, 관조하듯 화해하는 마음으로 남은 시간을 바라봅니다.

영화에서 나오듯 류이치 사카모토는 후두암으로 투병을 하고 있습니다. 아직도 완전히 완치된 것은 아닌 것 같고 암이 재발할지 모른다는 위험도 있습니다. 한 발 가까이 다가온 듯 느껴지는 죽음의 불안 속에서 자신의 음악적 작업들을 되짚어보는 것은 일에 파묻혀 살던 지금까지의 삶의 리듬과는 전혀 다른 차원이었겠지요.

영화는 천재 음악가이자 세계적 거장인 그의 경력에 대한 감탄이나 음악 세계에 존경만을 향하게 하지 않습니다. 감상적으로 그의 투병기를 보여주거나 그의 정치적 참여를 과장하지도 않습니다. 하지만 담담하게 그의 일상을 보여주는 이 영화는 우리에게 보편적인 인간 운명과 인생의 무게에 대해 생각하게 합니다.

다큐멘터리 영화 내내 류이치 사카모토는 한 나약한 인간으로서 자신에게 다가온 운명과도 같은 사건들과 만남들에 대해 겸허함과 경외심과 감사함을 표하고 있습니다. 그의 이야기는 보는 이를 강요하지 않지만 숙연하게 합니다. 그리고 스스로의 인생을 돌아보며 '나의 이야기'로 향하는 성찰의 시간을 선사합니다.

영화는 교차되는 몇 가지 서로 다른 주제들을 담담하게 보여줍니다. 관객들은 류이치 사카모토가 후쿠시마의 쓰나미와 원전 사고를 통해 느끼는 인간의 아픔과 인류 미래의 운명에 가지게 되는 심려에 관한 대화들과 상징적인 사건들을 통해 함께하게 됩니다. 그가 쓰나미 속에서 건져낸 피아노를 수리해가는 과정은 매우 인상적이며 '치유의 상징'으로 보입니다. 원전 재가동에 대한 항의 시위에 참석하는 장면도 영화 앞부분에 등장합니다.

후쿠시마 이야기와 함께 영화의 기둥이 되는 또 다른 주제는 그가 암 선고를 받고 변화된 일상과 그의 마음 안에 일고 있는 길고 강한 파장들입니다. 영화는 이러한 일련의 경험들과 마음의 움직임들이 그의 음악적 창작에 작용하는 과정과 그에 적절한 음악적 표현을 찾아내려는 창작의 고뇌를 매우 밀도 있게 보여주고 있습니다.

류이치 사카모토는 자신의 병고에 대면하고 세상의 고통에 관심을 기울이면서 원래 자신이 생각한 기존 구상과는 다른 음악을 모색합니다. 영화를 보는 관객은 그의 내면의 갈망과 직관들이 조금씩 구체화되어가는 과정에 직접 참여하는 듯 깊이 몰입하게 됩니다. 그는 빗물 소리, 작은 화초 하나가 보여주는 생명력에 귀 기울이고, 그것을 표현할 소리를 찾는데, 어쩌면 매우 일상적이고 사소한 장면들이지만 그렇기에 오히려 큰 감동을 줍니다.

그의 이러한 노력은 〈에이싱크async〉(2017)라는 그의 새 앨범으로 결실을 맺습니다. 영화를 보면 류이치 사카모토가 이 음악의 창작 과정에서 요한 제바스티안 바흐의 코랄 전주곡의 세계에 깊이 감화받았음을 알 수 있습니다. 바흐의 수많은 코랄 전주곡들은 음악적 아름다움만이 아니라 바흐의 깊은 종교심과 인생에 대한 명상이 배어있습니다. 단순한 양식 속에 담은 영적인 아름다움이 류이치 사카모토를 위로하고 그의 창작에 영감을 주고 있음을 알 수 있습니다. 영화를 보면 작곡 과정에서 그가 집에서 피아노로 바흐의 선율을 연주하고, 이에 어울리는 자신의 멜로디를 작곡하려 시도하는 장면들이 여러 번 등장하는데, 짧은 장면들임에도 깊은 여운을 줍니다. 영화의 주제를 가장 잘 표현하고 있는 장면들이라는 생각도 들었습니다. 이 앨범의 첫 곡인 '안다타Andata(여행, 출발이라는 이탈리아 말)'는 그의 마음이 바흐의 마음에 닿은 순간을 담고 있는 것 같은 놀라운 곡입니다.

그는 러시아의 안드레이 타르코프스키 감독의 영화들 안에 나타난 도덕적이고 영적인 영화 예술 세계가 자신에게 큰 위로와 감동을 주었다고 전해줍니다. 그는 이 음악 작업에 안드레이 타르코프스키 영화를 위한 '가상의 영화 음악'을 작곡하는 마음으로 임했습니다. 타르코프스키가 영화 〈솔라리스〉에서 바흐의 코랄 전주곡을 쓴 방식은 영화를 본 사람은 결코 잊지 못할 만큼 인상적입니다. 앨범에 실린 곡인 '솔라리Solari'에서 류이치 사카모토는 안드레이 타르코프스키 감독에게 경의를 표하면서 그 장면을 기억하고 있습니다. 바흐와 타르코프스키가 다 다르고자 애쓴 세계를 그 역시 향하고 있습니다. 그들은 구원에 대해 묻고 있는 것 같습니다.

〈에이싱크〉 앨범은 음향의 탐색가로, 소리로 풍경을 창조하는 '앰비언트 음악'의 장인이자 늘 새로운 시대 정신을 포착해온 아방가르드적인 음악가 류이치 사카모토의 장인적 탁월성을 입증하는 또 다른 걸작인 것만은 아닙니다. 고뇌를 겪고 인간의 조건과 운명 앞에 겸허하되 그 안에서 매일매일 배우기로 결심한 한 사람의 진솔한 고백입니다.

그는 자신의 음악과 인생의 '코다'를 기꺼이 써보기로 결심한 듯 보입니다. 우리는 이러한 음악을 '영성적'이라고 부릅니다. 그의 음악을 들으며 도스토예프스키가 예언자처럼 남긴 말을 떠올립니다.

"아름다움만이 세상을 구원할 것이다."

Book & Music Album List
참고 및 추천 도서와 음반

Book List

P. 13
당신은 당신의 삶을 바꾸어야 한다

《당신은 당신의 삶을 바꾸어야 한다》_ 울리히 베어 엮음, 이강진 옮김, 에디투스, 2020

《두이노 비가》_ 라이너 마리아 릴케 지음, 최성웅 옮김, 인다, 2016

《말테의 수기》_ 라이너 마리아 릴케 지음, 안문영 옮김, 열린책들, 2013

《사랑하는 하느님 이야기》_ 라이너 마리아 릴케 지음, 송영택 옮김, 문예출판사, 2018

《소크라테스의 변론/ 크리톤/ 파이돈》_ 플라톤 지음, 천병희 옮김, 숲, 2017

《탈출에 관해서》_에마누엘 레비나스 지음, 김동규 옮김, 지만지, 2012

Transformation in Christ, Dietrich von Hildebrand 지음, San Francisco: Ignatius
    Press, 1990

P. 27
《페스트》의 음악들

《페스트》_ 알베르 카뮈 지음, 유호식 옮김, 문학동네, 2015

《변신이야기》_ 오비디우스 지음, 천병희 옮김, 숲, 2017

P. 37
그 여름의 끝

《아녜스 바르다의 말》_ 제퍼슨 클라인 엮음, 오세인 옮김, 마음산책, 2020

《마르타 아르헤리치-삶과 사랑, 그리고 피아노》_ 올리비에 벨라미 지음, 이세진 옮김,
    현암사, 2018

《그 여름의 끝》_ 이성복 지음, 문학과 지성사, 1990

P. 53

새들의 노래

《안데르센 동화전집》_ 한스 크리스티안 안데르센 지음, 윤후남 옮김, 현대지성, 2016
《오소독시》_ G.K. 체스터튼 지음, 윤미연 옮김, 이끌리오, 2003
The Collected Works Vol.I, G.K. Chesterton지음, San Francisco: Ignatius Press, 1986
《새들에 관한 짧은 철학》_ 필리프 J. 뒤부아 · 엘리즈 루소 지음, 맹슬기 옮김, 다른, 2019
《벌새》_ 김보라 쓰고 엮음, 아르테, 2019
《음악의 기쁨 2 – 베토벤까지의 음악사》_ 롤랑 마뉘엘 지음, 이세진 옮김, 북노마드, 2014

P. 69

베토벤의 도시, 하일리겐슈타트에서

《베토벤》_ 얀 카이에르스 지음, 홍은정 옮김, 길, 2018
《베토벤 심포니》_ 루이스 록우드 지음, 장호연 옮김, 바다출판사, 2019
《베토벤 삶과 철학,작품,수용》_ 스벤 힘케 지음, 한독음악학회 옮김, 스코어, 2020
Beethoven Heiligenstädter Testament Faksimile Doblinger, Hedwig M. von Asow 편집 및 해설, Wien-München: Verlag Ludwig Doblinger, 1992

P. 85

카이로스의 철학과 슈베르트

《니코마코스 윤리학》_ 아리스토텔레스 지음, 강상진 · 김재홍 · 이창우 옮김, 길, 2011
《프란츠 슈베르트》_ 한스–요아힘 힌리히센 지음, 홍은정 옮김, 프란츠, 2019
《뮤직, 센스와 난센스》_ 알프레트 브렌델 지음, 김병화 옮김, 한스미디어, 2017

P. 101

니체와 어린아이

《차라투스트라는 이렇게 말했다》_ 프리드리히 니체 지음, 정동호 옮김, 책세상, 2015

《니체, 그의 삶과 철학》_ 레지날드 J. 홀링데일 지음, 김기복·이원진 옮김, 북캠퍼스,
  2017

《니체, 그의 사상의 전기》_ 뤼디거 자프란스키 지음, 오윤희·육혜원 옮김, 꿈결, 2017

《좋은 유럽인 니체》_ 데이비드 크렐·도널드 베이츠 지음, 박우정 옮김, 글항아리, 2014

《심연호텔의 철학자들》_ 존 캐그 지음, 전대호 옮김, 필로소픽, 2020

《니체는 누구인가》_ 오이겐 비저 지음, 박영도 옮김, 분도출판사, 1993

《어린이처럼 되지 않으면》_ 하인리히 슈패만 지음, 윤선아 옮김, 분도출판사, 1998

《바그너의 경우/우상의 황혼/안티크리스트/이사람을 보라/디오니소스 송가/
  니체 대 바그너(니체전집 15)》(백승영 옮김, 책세상, 2002)

《음악과 종교》_ 한스 큉 지음, 이기숙 옮김, 포노, 2017

《니체와 음악》_ 조르주 리에베르 지음, 이세진 옮김, 북노마드, 2016

P. 121

노래가 시대를 위로할 수 있다면

《마음은 외로운 사냥꾼》_ 카슨 매컬러스 지음, 서숙 옮김, 시공사, 2014

《슬픈 카페의 노래》_ 카슨 매컬러스 지음, 장영희 옮김, 열림원, 2014

P. 133

바흐의 음악에서 인생을 배우다

《바흐의 무반주 첼로 모음곡을 찾아서》_ 에릭 사블린 지음, 정지현 옮김, 21세기북스,
  2017

《첼리스트 카잘스, 나의 기쁨과 슬픔》_ 파블로 카잘스 지음, 김병화 옮김, 한길아트,
  2003

《위대한 작곡가들의 삶 1》_ 해럴드 C. 숀버그 지음, 김원일 옮김, 클, 2020

Die Grenzgänge des Johann Sebastian Bach, Andreas Kruse 지음,
　Berlin/Heidelberg: Springer Verlag, 2013, 2014

P. 147
조화의 영감과 비발디

《국가》_ 플라톤 지음, 천병희 옮김, 숲, 2014
《빌헬름 마이스터의 수업시대》_ 요한 볼프강 폰 괴테 지음, 안삼환 옮김, 민음사, 1999
《괴테, 예술작품같은 삶》_ 뤼디거 자프란스키 지음, 호모포에티카 옮김, 휴북스, 2017
《격언집》_ 에라스뮈스 지음, 김남우 옮김, 부북스, 2014
《성 토마스 모어》_ 제임스 몬티 지음, 성찬성 옮김, 가톨릭출판사, 2006
《세속 안에서의 자유》_ 한스 큉 지음, 장익 옮김, 분도 출판사, 1974

P. 163
파리의 노트르담

《파리의 노트르담》_ 빅토르 위고 지음, 성귀수 옮김, 작가정신, 2010
《대지의 기둥》전 3권_ 켄 폴릿 지음, 한기천 옮김, 문학동네, 2010
Notre-Dame: a short history of the meaning of Cathedrals, Ken Follett 지음,
　New York: Viking(Penguin Publishing Group), 2019
Les temps de cathédrales. L'art et la société, 980-1420, Georges Duby 지음,
　Paris: Editions Gallimard, 1976
《고딕건축과 스콜라철학》_ 에르빈 파노프스키 지음, 김율 옮김, 한길사, 2016
《로마네스크와 고딕》_ 앙리 포시용 지음, 정진국 옮김, 까치, 2004
《하늘과 인간 (임석재 서양건축사 3)》_ 임석재 지음, 북하우스, 2006
《중세의 아름다움》_ 김율 지음, 한길사, 2017
《중세 음악 역사·이론》_ 김미옥 지음, 심설당, 2005

P. 183

바다의 철학, 바다의 음악

《바다의 철학》_ 군터 숄츠 지음, 김희상 옮김, 이유출판, 2020

《바다》_ 쥘 미슐레 지음, 정진국 옮김, 새물결, 2010

《철학의 위안》_ 보에티우스 지음, 정의채 옮김, 바오로딸, 2017 (4판)

《고대 철학이란 무엇인가》_ 피에르 아도 지음, 이세진 옮김, 열린책들, 2017

《안톤 브루크너 III 》_ 현동혁 지음, 예솔, 2016

P. 197

브람스를 좋아하나요

《비트겐슈타인 회상록》_ 러시 리스 엮음, 이윤·서민아 옮김, 필로소픽, 2017

《비트겐슈타인 평전(The Duty of Genius)》_ 레이 몽크 지음, 남기창 옮김, 필로소픽,
  2012

《철학, 마법사의 시대》_ 볼프람 아일렌베르거 지음, 배명자 옮김, 파우제, 2019

《비트겐슈타인과 세기말 빈》_ 앨런 재닉·스티븐 툴민, 석기용 옮김, 필로소픽, 2013

《비트겐슈타인 가문》_ 알렉산더 워 지음, 서민아 옮김, 필로소픽, 2014

《문화와 가치》_ 루트비히 비트겐슈타인 지음, 이영철 옮김, 책세상, 2006

Werkasugabe Bd.8, Ludwig Wittgenstein 지음, Frankfurt am Main: Suhrkamp
  Verlag, 1984

《브람스를 좋아하세요...》_ 프랑수아즈 사강 지음, 김남주 옮김, 민음사, 2008

《브람스 평전》_ 이성일 지음, 풍월당, 2017

《교향곡》_ 최은규, 마티, 2017

P. 213

사랑하는 이를 향해 가는 길

《지혜롭게 나이 든다는 것》_ 마사 누스바움 지음, 안진이 옮김, 어크로스, 2018

《시적 정의》_ 마사 누스바움 지음, 박용준 옮김, 궁리, 2013

《역량의 창조》_ 마사 누스바움 지음, 한상연 옮김, 돌베개, 2015

P. 229

깨끗한 마음과 함께사는 법

《팡세》_ 블레즈 파스칼 지음, 현미애 옮김, 을유문화사, 2013

《사랑의 역사》_ 쇠렌 키르케고르 지음, 임춘갑 옮김, 치우, 2011

《죽음에 이르는 병》_ 쇠렌 키르케고르 지음, 임규정 옮김, 한길사, 2007

《고백록》_ 히포의 아우구스티누스, 최민순 옮김, 바오로딸 출판사, 2010

《고백록》_ 히포의 아우구스티누스 지음, 성염 옮김, 경세원, 2016

P. 243

자비의 노래

Das Lied von Bernadette, Franz Werfel 지음, Freiburg im Breisgau: Herder, 1963

《아임 유어 맨: 레너드 코언의 음악과 삶 1934-2016》_ 실비 시몬스 지음, 정민 옮김,
알마, 2018

Music Album List

〈Gluck Orfeo ed Eurdice〉Iestyn Davies, Sophie Bevan, Rebecca Bottone/ La Nuova
Musica/ David Bates/ Pentatone 2019(2CD)

〈Katheleen Ferrier: The Complete EMI Recordings〉Kathleen Ferrier etc/ EMI
Classics 2012(3CD, Compliation, Remastered, Reissue)

P. 37

그 여름의 끝

〈Jacques Demy Michel Legrand The Complete Edition〉Universal Music France
2013(CD11)

〈Marice Ravel Gaspard de la Nuit, Sonatine, Valses nobles et sentimentale〉Martha
Argerich/ Deutsche Grammophon 1975, 2015(Reissue)

〈Prokofiev: Klavierkonzert No.3, Ravel: Klavierkonzert G-Dur, Gaspard de la Nuit〉
Martha Argerich, Berliner Philharmoniker, Claudio Abbado/ Deutsche
Grammophon 1995(The Originals)

〈Le Onde〉Ludovico Einaudi/ BMG 1996

〈La Scala: 030303〉Ludovico Einaudi/ BMG 2003

〈Ludovico Einaudi in Berlin〉Ludovico Einaudi/ Ponderosa Music & Art 2007

P. 53

새들의 노래

〈Igor Strawinsky Le Rossignol〉Mojka Edrmann, WDR Rundfunkchor, WDR
Sinfonieorchester, Jukka-Pekka Saraste/ Orfeo 2017

〈Igor Stravinsky Le Rossignol〉(DVD, 2015) Fim by Christian Chaudet feat. Natalie
Dessay

〈Boulez Conducts Stravinsky〉The Cleveland Orchestra, Chicago Symphony
Orchestra, Pierre Boulez/ Deutsche Grammophon 2010(6CD), CD3

〈Rameau Pièces de Clavecin〉, Céline Frisch/ Alpha 2007, 2016

〈Monsieur Rameau Pieces de Clavecin Seul et en Concerts〉 Blandine Rannou/ Zig
  Zag Territoires(4CD) 2001
〈Rameau〉 Bob James/ CBS Masterworks 1984
〈Jean-Philippe Rameau The Keyboard Works/L'œuvre pour clavier〉 Marcelle
  Meyer/ Warner Music France 2014(2CD Compiliation)
〈Bird Songs of a Killjoy〉 Beduine/ Spacebomb Records 2019
〈Hummingbird〉 Wakeman & Cousins/ Witchwood Media 2002
〈Thanks for the Dance〉 Leonard Cohen/ Columbia 2002

P. 69

베토벤의 도시, 하일리겐슈타트에서

〈Ludwig van Beethoven The Piano Sonatas Vol. V Sonatas opp.31 and 53〉 András
  Schiff/ ECM New Series(2CD) 2005
〈Arturo Toscanini conducts Beethoven: The Complete Symphonies Nos.1-9,
  Missa Solemnis, Egmont Overutre〉 NBC Symphony Orchestra, Arturo Toscanini/
  Sony Music 2019(6CD)
〈Beethoven Symphony No.3, Overtures〉 Philharmonia Orchestra, Otto Klemperer/
  EMI 1955, Naxos 2008(Reissue)
〈Beethoven Symphony No.3 'Eroica' Leonore III & Coriolan〉
  Wiener Philharmoniker, Berliner Philharmoniker, Willhelm Furtwängler/
  Fono 2000(The Records of the Century * Original Recordings 1943-45)

P. 85

카이로스의 철학과 슈베르트

〈Franz Schubert Piano Sonatas Live Recordings (Artist's Choice)〉 Alfred Brendel/
  Philips 2006(2CD Compilation)

니체와 어린아이

〈Wagner Parsifal(1951)〉Wolfgang Windgassen, Martha Mödl, Ludwig Weber, George London, Arnold van Mill, Hermann Uhde, Bayreuth festival Chorus, Bayreuth Festival Orchestra, Hans Knappertsbusch/ Naxos Historical 2003(4CD)

〈Wagner Parsifal(1962)〉Hans Hotter, Jess Thomas, Martti Talvela, Gustav Neidlinger/ Bayreuth Festival Orchestra, Hans Knappertsbusch Philips 2006(The Originals, 4CD)

〈Wagner Parsifal (1973)〉Jon Vickers, Norman Bailey, Amy Shuard/ Royal Opera Chorus, Orchestra of the Royal Opera House, Reginald Goodall in: 〈Great Performances At the Royal Opera House, Covent Garden〉Opus/ Arte 2014(32CD), CD17-20

〈Richard Wagner Orchestral Music Tannhäuser, Parsifal, Tristan und Isolde〉 Berliner Philharmoniker, Claudio Abbado/ Deutsche Grammophon 2003

노래가 시대를 위로할 수 있다면

〈Lover, Beloved: Songs from an Evening with Carson McCullers〉Suzane Vega/ Amanuensis Productions 2016

〈Sing me Home〉Yo-Yo Ma, Silk Road Ensemble/ Masterworks 2016

〈There is no other〉Rhiannon Giddens with Francesco Turrisi/ Nonesuch 2019

바흐의 음악에서 인생을 배우다

〈J.S. Bach Cello Suites Nos.1-6〉Pablo Casals/ Naxos Historical 2000(2CD)

⟨Johann Sebastian Bach Mass in B minor⟩ Maria Stader, Hertha Töpper, Ernst
　Haefliger, Dietrich Fischer-Dieskau, Kieth Engen, Münchner Bach-Chor, Münchner
　Bach-Orchester, Karl Richter/ Deutsche Grammophon (Archiv) 1962/
　Karl Richter Bach Sacred Works, Deutsche Grammophon 2017 (11CD/4
　DVD/1BD), CD9-10
⟨Bach The Art of Fugue⟩ Helmut Walcha/ Deutsche Grammophon(Archiv) 1959-60
　(2CD), 2007 (Reissue)
⟨Bach L'Art de la Fugue⟩ André Isoir/ Arpège 1999/ Caliope 2008

P. 147
조화의 영감

⟨Antonio Vivaldi 'L'Estro Armonico⟩ Rachel Podger, Brecon Baroque/ Channel
　Classics 2015(2CD)
⟨Seasons⟩ Magna Carta/ Vertigo, 1970, Talking Elephant 2014(Remaster)

P. 163
파리의 노트르담

⟨Notre-Dame de Paris⟩(Musical) Luc·Plamondon/ Richard Cocciante/ Pomme
　Music 1997, 2000(Reissue, Enhanced)
⟨Music of the Gothic Era⟩ The Early Music Consort of London, David Munrow/
　Deutsche Grammophon(Archiv) 1976(2CD), 2002
⟨The School of Notre Dame Léonin, Pérotin⟩ Orlando Consort/ Deutsche
　Grammophon 1997, 2004
⟨Perotin⟩ The Hilliard Ensemble/ ECM New Series 1989
⟨Machaut Messe de Nostre Dame⟩ Diabolus in Musica, Antoine Guerber/ Alpha
　2008

⟨Grandes heures liturgique a Notre-Dame de Paris⟩ La Maitrise de Notre-Dame les choeurs de la cathédrale, l'Ensemble vocal Contrepoint, Jehan Revert, Pierre Cochereau/ Solstice 1973, 1977

P. 183
바다의 철학, 바다의 음악

⟨Mare Nostrum⟩ Montserrat Figueras, Lior Elmaleh, Hespèrion XXI, Jordi Savall/ Alia Vox 2011(2CD)

⟨Mare Nostrum⟩, ⟨Mare Nostrum II⟩, ⟨Mare Nostrum III⟩ Paolo Fresu, Richard Galliano, Jan Lundgren/ ACT 2007, 2016, 2019

⟨Bruckner Symphony No.7 Recorded Live⟩, Berliner Philharmoniker, Günter Wand/ BMG 2000

⟨Bruckner Symphony No.4⟩ Münchner Philharmoniker, Günter Wand/ Münchner Philharmoniker 2001, Profil Medien 2006

P. 197
브람스를 좋아하나요

⟨Johannes Brahms The String Quartets⟩ The Budapest String Quartet with Walter Trampler/ Praga(Harmonia Mundi) 1962, 2016(2CD, Remastered)

⟨Brahms Symphonie No.3, Tragische Ouvertüre, Schicksalslied⟩ Berliner Philharmoniker, Ernst-Senff-Chor, Claudio Abbado/ Deutsche Grammophon 1990

⟨Mendelssohn Symphony No.4 'Italian', Brahms Symphoy No.3⟩ Philharmonia Orchester, Guido Cantelli/ EMI 1951, 1955, Testament 1999

P. 213
사랑하는 이를 향해 가는 길

⟨Bach The Complete Organ Works⟩ Michel Chapuis/ Valois(United archives) 1966-1970(14CD), *⟨Orgelbüchlein, BWV 599-644⟩, CD.7

⟨Johann Sebastian Bach⟩ Víkingur Ólafsson/ Deutsche Grammophon 2018

⟨Encounter⟩ Igor Levit/ Sony Classical 2020(2CD)

⟨Ich ruf' zu Dir, Herr Jesu Christ: Johann Sebastian Bach Religious and Secular
  Works⟩ Metropolitan Hilarion Alfeyev, Russion National Orchestra/
  Pentatone 2017

P. 229

깨끗한 마음과 함께 사는 법

⟨Befriended⟩ The Innocence Mission/ Badman Recording 2003

⟨Now the Day is Over⟩ The Innocence Mission/ Badman Recording 2004/ Pastel
  Music(Korean Version) 2004

⟨My Room In the Trees⟩ The Innocence Mission/ Badman Recording 2010

⟨Sun on the Square⟩ The Innocence Mission/ Badman Recording 2018

⟨See You Tomorrow⟩ The Innocence Mission/ Badman Recording 2020

P. 243

자비의 노래

⟨Famous Blue Raincoat⟩ Jennifer Warnes/ Cypress 1986, Impex Records 2007
  (20th Anniversary 24k Gold Edition)

⟨Songs of Love & Hate⟩ Leonard Cohen/ CBS 1971

⟨Five Leaves Left⟩ Nick Drake/ Islands Reccords 1969

P. 253

코다 Coda, 진솔한 고백

⟨Async⟩ Ryuichi Sakamoto/ Commons 2017

  Ryuichi Sakamoto: Coda (2017, 100 min., Documentary)

  (Director: Stehen Schible)